도대체
하느님은

WHERE THE HELL IS GOD?

Richard Leonard, SJ

Copyright © 2010 by Richard Leonard, SJ

Korean translation copyright © 2017 by ST PAULS, Seoul, Korea

도대체 하느님은

발행일 2017. 12. 8

글쓴이 리처드 레너드
옮긴이 맹영선
펴낸이 서영주
총편집 서영필
편집 손옥희 김정희 **디자인** 송진희
제작 김안순 **마케팅** 최기영 **인쇄** 영신사

펴낸곳 성바오로
출판등록 7-93호 1992. 10. 6
주소 서울특별시 강북구 오현로7길 20(미아동)
취급처 성바오로보급소 **전화** 944-8300, 986-1361
팩스 986-1365 **통신판매** 945-2972
E-mail bookclub@paolo.net
인터넷 서점 www.**paolo**.net
www.facebook.com/**stpaulskr**

값 12,000원
ISBN 978-89-8015-902-4
교회인가 서울대교구 2017. 6. 13 **SSP** 1054

이 도서의 국립중앙도서관 출판예정서목록(CIP)은 서지정보유통지원시스템 홈페이지(http://seoji.nl.go.kr)와 국가자료공동목록시스템(http://www.nl.go.kr/kolisnet)에서 이용하실 수 있습니다. (CIP제어번호 : CIP2017031547)

이 책은 저작권법의 보호를 받으므로 무단전재와 무단복제를 금합니다.
이 책 내용의 전부 또는 일부를 재사용하려면 반드시 저작권자와 성바오로출판사의 동의를 얻어야 합니다.

리처드 레너드 글
맹영선 옮김

도대체
하느님은

차례

머리글 9

들어가는 말 14

01 ³³
하느님은 우리에게
나쁜 일을 하지 않으신다

02 ⁵¹
고통을 통해 우리가
성장하기는 하지만,
우리를 성장시키기 위해
하느님이 고통을
보내지는 않으신다

03 [65]

이제
기상학자로서의
하느님을 생각해 보자.
우리가 비를 내려 달라
기도하는 것을
멈출 수 있을까

04 [89]

우리는 하느님의 사랑에
응답하도록 초대받았지,
사랑을 강요받거나
사랑으로 프로그램된
것이 아니다

05 ^109

하느님이 당신의
유일한 사랑하는 아들을
그렇게 대하셨다면,
나는 아마 그런
하느님은 피할 것이다

06 ^133

"우리가 세상을
이렇게 만들었다."

07 ¹⁵⁹

시간이 다 되면
너희의 시간은 끝난다.
너희는 더 이상 두 번째
시간을 얻을 수 없다

나가는 말   177
참고 문헌   182

머리글

나는 여러 해 동안 이런 책을 읽을 수 있기를 기다려 왔다.

이 책이 삶을 바라보는 우리의 방식을 바꿀 수도 있다고 말하는 것은 결코 과장이 아니다. 리처드 레너드Richard Leonard가 말하듯이, 이 책은 고통의 신학에 대해 논하는 학술 논문이 아니다. 레너드는 삶에서 고통을 받고 있는 사람들, 즉 모든 사람에게 진심으로 권유하고 싶은 것을 이 책에 썼다.

레너드는 내가 알고 있는 아주 뛰어난 예수회 수사 중 하나이다. 그는 박학하고 논리정연하고 자비롭고, 때로는 대단히 익살스럽기까지 하다. 사제로서 그는 사제직에 수반되는 모든 사목을 하느라 대단히 바쁘지만 교사와 작가, 강사로도 활동하고 있다. 그를 교사로 알고 있는 사람은 사람이 아주 많은 복잡한 주일 미사에서 그가 얼마나 강론을 잘하는지 발견하고 깜짝 놀랄지도 모른다. 그를 사제로 알고 있는 사람은 그가 쓴 특정한 학문적 전문 분야, 즉 영화에 대한 유려한 논문을 보고 놀랄지도 모른다(그렇다. 많은 예수회 학자처럼 그는 박사 학위가 있다). 그를 학자로 알고 있는 사람은 그가 멜버른에서 런던으로, 로마와 로스앤젤레스까지 다니면서 다양한 주제로 생생한 강연을 하는 잘 나가는 강사라는 것에 놀랄지도 모른다.

그러나 대부분의 사람이 잘 알지 못하는 것이 하나 있는데, 그것은 당신이 곧 읽게 될 그의 가족이 겪은 깊은 고통 체험이다. 그 고통, 충격적이고 혼란스럽고 강렬했던 그 고통이 그의 가족을 변화시켰고, 레너드를 변화시켰다. 그 고통에 대한 레너드의 성찰을 읽는 것은 당신을 변화시킬 것이다.

마지막 문장이 과장처럼 보이는가? 그렇지 않다. 그의 새 책은 "왜 우리가 고통을 당하는가?"라는 시간을 초월한 질문을 탐구하지만, 독특한 방식으로 그렇게 한다.

고통이라는 이 어려운 주제를 다루는 대부분의 방법은 두 가지 접근법 중 하나를 채택한다. 첫 번째 접근법은 일반적으로 신학자들이 기술하는 신학적인 관점에서 출발한다. 구약과 신약 성경의 다양한 관점을 신중하게 숙고하고, 그리스도교 성인과 신학자들의 저술에 비추어 '선하신 하느님께서 어떻게 고통을 허용하실 수 있는가'라는 예로부터의 해묵은 질문을 사려 깊게 숙고한다. 두 번째 접근법은 일반적으로 학계學界 밖에 있는 사람들이 기록한 체험에서 출발한다. 한 개인이 자신의 고통이나 사랑하는 사람의 고통을 자세하게 묘사하고, 고통을 겪으면서 자신이 배운 것으로 그 고통을 다시 성찰하여 독자에게 교훈과 깊은 이해를 제공한다. 레너드는 탁월한 재능이 있는 신학자일 뿐만 아니라 삶을 변화시키는 고통을 체험한 사람이기 때문에, 이 책에서 이 두 가지 접근 방식을 완벽하게 결합시켰다.

당신은 선의의 신자들이 고통을 받고 있는 사람에게 받아들이기를 강요하듯이 종종 이야기하는 백해무익하고 진부한 '쉬운' 말들을 레너드가 무시하는 것을 곧 보게 될 것이다. 엄청난 신비를 지닌 고통을 그저 대충 토닥거려 덮어 버리려고 하는 반응들에 직면해서, 경건한 신자들조차 반발하고 또 반발해야만 한다.

실례實例를 하나 들어 보겠다. 나의 할머니가 요양원에 계실 때 같이 거주하던 동료 중 한 분이 엄청난 고통을 겪고 있던 초로의 가톨릭 수녀님이었다. 어느 날 그 수녀회의 장상長上이 병든 수녀님을 찾아왔다.

"오, 너무 고통스러워요." 아픈 수녀님이 장상에게 말했다.

"십자가에 못 박힌 예수님을 생각하세요." 장상이 대답했다.

"예수님께서는 단지 세 시간 동안만 십자가에 계셨어요." 아픈 수녀님은 슬프게 말했다.

궁극적으로 그 아픈 수녀님이 고통을 알고 계시는 예수님과의 친교에서 위안을 찾았을지도 모르지만, 장상의 그럴 듯한 응답은 아픈 수녀님에게 아무런 도움이 되지 못했다.

고통에 대한 교회의 전통적인 관점에 진리가 있다는 것은 확실하다. 그럼에도 불구하고, 레너드는 모든 개인이 자신이 겪는 고통의 신비를 탐구해서 자신과 함께 고통을 받으시는 하느님과의 친교를 통해, 그 고통의 개인적인 의미를 찾아야 한다고 말하고 있다. 이 책에서 레너드가 하려는 것이 바로 이것, 고통을 겪는 독자들을 도우려는 것이다. 자신이 겪었던 고통과의 솔직하고 충실한 투쟁에서, 또한 고통에 대한 교회의 전통적인 관점에 겁 없이 도전해서 얻은 성찰의 결과로, 레너드는 우리를 어두운 계곡을 지나 밝은 곳으로 인도한다.

이 책을 통해 당신은 당신 삶의 가장 힘들었던 여정에서 하느님을 발견하는 데 도움을 받을 것이다.

제임스 마틴 [1]

---

[1] 제임스 마틴James Martin, SJ 신부는 「나의 멘토 나의 성인」(성찬성 옮김, 가톨릭출판사, 2011), 「모든 것 안에서 하느님 발견하기」(성찬성 옮김, 가톨릭출판사, 2014) 등의 저자이다.

들어가는 말

인간이 고통 속에 있을 때, 고통의 어디에서 어떻게 하느님을 찾을 수 있는가라는 주제에 관한 대부분의 철학적 또는 신학적인 책은 상당히 학문적인 경향이 있다. 이런 책들의 주장이나 결론에 동의하지 않을 때조차, 이 책들이 매우 중요하다는 것을 나는 알게 되었다. 심지어 이 책들 사이에서 삶과 동떨어진 연구를 하는 데나 다소 도움이 될 것 같은 현저한 지적인 차이를 찾아내기도 했다.

나는 이 책이 지성적이길 원하지만, 그것이 학문을 위한 것은 아니다. 나는 지금 우리가 변신론[2]이라고 부르는 지적인 탐구에서 나왔던 존경할 만한 논쟁의 다양한 측면을 고쳐서 말할 생각은 없다. 이 책은 악惡에 맞서 사랑하는 하느님에 대한 믿음을 지키기 위해 근본적인 질문을 던질 수밖에 없었던, 내 가족의 비극으로부터 비롯되었다. 나는 이해하기 쉬운 일에 너무 많은 주장을 하고 싶지는 않다. 이것은 분명히 사변 신학[3]이라고 불리는 영역에 있다. 수 세기에 걸쳐 나보다 더 큰 지성들이 이 질문에 도전해서 서로 다른 결론들을 도출해 냈다. 나는 그것에 만족한다. 문제는 그들의 통찰이 내게 가장 필요할 때 그들의 대답이 부적절하다는 것을 발견했다는 것이다. 나는 그들을 비난하지는 않는다. 그들 대다수는 우리 시대의 성경 연구와 신학, 과학과 심리학의 조력을 받지 못했다.

하느님이 현세적 고통의 어디에서 어떻게 일하시는지 죽음의 바깥쪽에 있는 교회가 알 수 없기 때문에 교회 역시 이런 고통의 문제에 대해 명확하게 이야기할 수 없다는 것을 안다. 그래서 나는 내가 '눈물의 골짜기'를 걸었을 때, 그리고 '죽음의 그림자'

---

2 변신론theodicy은 신의 정당함을 주장하는 이론이다. 신이 선하고 전능하시다면 왜 이 세상에 고통이 존재하는가를 묻는 물음에 대한 다양한 대답이 있다.
3 사변 신학speculative theology은 하느님의 계시 내용을 철학적으로 사변思辨하여 학문적 체계화를 꾀하는 신학이다.

가 내게 드리워졌을 때, 사랑하는 하느님에 대한 내 믿음을 지키는 데 도움을 준 내 작업물work에 대해서 큰 주장을 하지는 않는다.

아마도 이 영역을 탐험하는 가장 좋은 방법은 이야기일 것 같다. 홀로코스트Holocaust 생존자인 엘리 위젤[4]은 다음과 같이 말했다. "밤의 왕국을 알고 싶으세요? 밤의 왕국을 묘사할 길이 없어요. 그러나 제가 이야기를 하나 해 드리지요. ···당신은 인간 심장heart의 상태를 알고 싶으세요? 인간 심장의 상태를 묘사할 방법이 없어요. 하지만 이야기를 하나 해 드릴게요. ···당신은 그 형언形言할 수 없는 것의 묘사를 원하세요? 형언할 수 없는 것을 묘사할 방법은 없어요. 하지만 제가 이야기를 하나 해 드릴게요."

---

4 엘리 위젤(Elie Wiesel, 1928-2016)은 루마니아 태생의 유대계 작가이다. 가족 모두 1944년 아우슈비츠 강제 수용소에 수감되어 살해당했다. 친구인 프랑수아 모리악이 홀로코스트 경험담을 글로 쓸 것을 권유했고, 엘리 위젤은 그의 회고록 「나이트」(원제 - La Nuit, 김하락 옮김, 예담, 2006)를 통해 홀로코스트 이야기를 전했다.

그래서 이야기로 시작하겠다.

스물다섯 번째 내 생일 아침 새벽녘에, 내가 있던 공동체의 예수회 장상이 침대에서 나를 깨워 내 어머니에게서 전화가 왔다고 알려 주었다. 우리 가족은 감정을 노골적으로 바로 나타내지 않는 편이었고, 생일 새벽에 서로 축하 전화 같은 것은 하지 않았다. 그러나 어머니 목소리를 듣자마자 곧 이것이 생일 축하 전화가 아니라는 것을 알았다. "네 누이가 교통사고를 당했어. 그래서 곧 다윈Darwin으로 가야 해. 나는 네가 나와 같이 갔으면 싶어." 내 누이 트레이시Tracy는 간호학을 공부했다. 누이는 학업이 끝나자마자 바로 몇 달 안에 마더 데레사 수녀님의 최초 재단인, 콜카타Kolkata에 있는 칼리가트 임종의 집Kalighat Home for the Dying으로 간호하러 갔다. 6개월 후 누이는 건강 상태가 좋지 못한 어머니를 돌보기 위해 집으로 돌아왔지만, 다시 인도로 돌아갔다. 18개월 후 인도 정부는 비자 갱신을 거부했는데, 트레이시가 자원봉사자였기 때문이었다. 그래서 트레이시는 호주로 돌아와 성모성심수녀회 Sisters of Our Lady of Sacred Heart에서 운영하는 원주민을 위한 보건 센터에 취직을 했다. 그 보건 센터는 예전에는 포트 키츠Port Keats라고 불렸지만 이제는 전통적인 이름 와데아이Wadeye로 불리는 도시에 있었다. 그녀는 젊고 활기가 넘쳤고 매우 유능했으며, 인도에서 그랬던 것처럼 포트 키츠 공동체에 활기를 불어넣었다.

내 생일 전날, 트레이시는 노던 테리토리Northern Territory의 수도인 다윈에서 남쪽으로 약 1시간 남짓 떨어진 애들레이드강Adelaide River 오지奧地 마을의 작은 원주민 공동체에서 그 지역의 간호사와 교대했다. 그다음에 무슨 일이 일어났는지가 트레이시의 이야기이다. 그녀의 저서 「The Full Catastrophe」(충만한 파국)를 통해 그 이야기를 직접 들어보자.

"…애들레이드강에서의 일이 끝나고, 주말을 보내기 위해 차를 타고 포트 키츠로 갔다. 배관공의 아내인 마가렛과 그녀의 세 아이도 함께 데려갔다. 마가렛의 차가 비포장도로에 적절히 대처할 수 없었기 때문이었다. 우리는 멋진 주말을 보냈다. 돌아오는 길에 애들레이드강 근처에서 자동차 엔진이 불연소음을 내다가 그만 꺼져 버렸다. 다행히도 우리 차가 멈춘 직후 곧 두 대의 자동차가 현장에 도착했고, 그들은 우리를 도시로 견인해 주겠다고 제안했다."

"우리는 후크hook로 연결하고 길을 떠났다. 그러나 무슨 일이 일어났는지 채 깨닫기도 전에, 견인 로프와 내 차가 왼쪽으로 기울어지는 것을 발견했다. 내 앞에 불쑥 나타난 작은 나무의 충격을 완화시키기 위해 나는 운전대를 단단히 잡았다. 그다음 차 전체가 뒤집혀져서 내가 위에 있는지 아래에 있는지 알 수 없었다. 나는 근육을 움직일 수 없었다. 마치 차 지붕 전체가 내 머리를 내리누르는 것처럼 느껴졌다. 내 입과 뇌는 여전히 움직이긴 했다. 일단 아이들이 무사하고 마가렛이 심하게 다치지 않았음을 확인하고, 안도감을 느꼈다. 우리의 착한 사마리아인들은 큰 불안 상태에 있었다. 그들 중 한 사람이 애들레이드강으로 가서 간호사를 데려오겠다고 내게 말했다. '내가 그 간호사에요.'라고 대답하고, 정규 간호사가 방금 돌아간 집을 알려 줬다."

"몇 시간이 지난 후, 경찰과 구급차 그리고 간호

사가 오면서 꼼짝 못하게 나를 누르고 있던 찌그러진 차의 얽힌 금속entanglement으로부터 나는 겨우 해방되었다. 나는 목에서 가장 극심한 통증을 느꼈다. 그들은 나를 땅에 눕히고, 목 보호대를 착용시킨 다음 들것에 실어 구급차로 옮겼다. 나를 둘러싼 사람들의 걱정스러운 얼굴을 한 번만 보아도, 내 영혼이 추락되기에 충분했다. 이 호된 시련을 통해 나는 자각하게 되었다. 내 뇌는 어깨 아래로는 아무것도 느낄 수 없다는 것을 알았지만, 내 육체의 나머지 부분은 이런 사실에 저항하고 있었다."

"구급차 승무원이 내 생체 신호vital signs를 확인하기 위해 20분마다 차를 멈추었기 때문에 다윈으로의 여행은 괴로울 정도로 느렸다. 그들이 차를 또다시 멈추면 죽음이 나를 위협했다. 왜냐하면 차량의 모든 번숨과 움직임이 목의 통증을 참을 수 없게 했기 때문이다. 또 다른 큰 문제는 머리 뒤를 찌르는 듯한 통증과 개미들이 두피를 물어뜯고 있는 것 같은 바로 그 현실적인 감각이다. 구급차 승무원에게 내 머리 부상은 그다지 심하지 않고, 내 신체적 고통complaint이 정말 심각하다는 것을 설득시키는 데

약간의 시간이 걸렸다. 내 입을 다물게 하려고 결심한 그녀는 내 머리를 빗질하기 시작했고, 놀랍게도 커다란 녹색 개미 몇 마리를 발견했다. 머리 뒤 통증의 원인은 날카로운 작은 나뭇가지 조각으로 밝혀졌다. 우리는 더 이상의 사고 없이 다윈으로 서둘러 갔다. 나는 들것에 등을 대고, 이 모든 것이 끔찍한 악몽이기를 희망했다."

"다윈에 있는 친구가 내 어머니에게 전화를 걸어 그 소식을 전할 수 있도록 직원들에게 연락을 취했다."

새벽 1시 30분경 질Jill은 '트레이시가 사고를 당했고 부상의 정도는 잘 알지 못하지만, 어머니께서 오셔야 한다.'고 말하기 위해서 어머니에게 전화를 걸었다. 이제 이야기의 다음 부분은 '어머니의 시간'이다.

내 어머니는 32세에 과부가 되었다. 내 아버지는 심각한 뇌졸중으로 36세에 돌아가셨다. 어머니는 당시 일곱 살 형과 다섯 살 누이, 두 살의 나를 키우는 싱글맘single mom이 되었다. 아버지가 쓰러지셨을 때 어머니는 집에 같이 있던 형 피터와 나를 깨우지 않았다. 형과 내가 새벽까지 할 수 있는 일이 아무것도 없기 때문에 우리가 잠을 잘 자는 것이 더 낫다고 생각했던 것이다. 어머니는 아무도 깨우지 않았다. 담배를 피우고 커피를 마시면서 어머니는 새벽까지 거기에 그렇게 앉아 있었다.

오전 9시 어머니와 나는 다원행 비행기에 있었다. 만일 당신이 당신의 삶에서 비극을 만난 적이 있다면 어머니와 내가 이 비극을 부인했던 것에 공감할 것이다. 우리는 비행기 여행의 모든 것에서 재미있는 것을 찾아내려 병적으로 애썼다. 도착하자마자 우리 둘은 웃으려고 노력했다. 그리고 트레이시가 침대에 앉아서 스테이크와 맥주를 마시면서 멜로드라마 같이 우리를 보고 웃을 것을 기대했다. 그러나 우리를 기다리고 있는 것은 그런 행복한 결말이 아니었다.

공항에 도착하자 수도복을 입은 수많은 수녀님들이 있었기 때문에 나는 다음 비행기로 틀림없이 교황님이 오실 것이라고 생각했다. '우리가 거기에 도착하면 의사들이 모든 것을 네게 말해 줄 거야.' 우리는 트레이시가 있는 곳으로 안내를 받았다. 긴 시트가 그녀의 턱까지 끌어올려져 있었다. 그녀는 침대 옆에 있는 확장판에 팔을 올려놓고 있었다. 두 개의 커다란 긴 못이 두개골을 뚫고, 침대 뒤 바로 그 자리에 그녀의 머리를 고정시키고 있었다. 나는 이후로 이같은 방식의 십자고상十字苦像을 본 적이 없다.

어머니는 매우 냉정해져서 트레이시에게 무엇을 움직일 수 있는지 물어보았다. 두 줄기 눈물을 조용히 흘리면서, 누이는 간단하게 말했다. "엄마, 나는 피투성이로 사지 마비가 되었어요, 내 다섯 번째 경추가 탈구되었고, 여섯 번째와 일곱 번째 척추가 골절되었어요. 이보다 더 나쁜 일은 없을 거예요."

'싸우기'fight와 '도망가기'flight는 충격에 대한 두 가지 일반적인 반응이다. 우리는 후자를 선택했다. 트레이시는 나와 어머니 둘 중 누가 먼저 방문을 열고 뛰쳐나갈지 모르겠다고 말했다. 병원 사목을 하는 수녀님이 우리를 당신 방으로 데려갔다. 나는 책상에 앉았고, 내 생애 처음으로 말문이 막혔다. 어머니는 방 안을 왔다 갔다 하기 시작했다. 그녀는 화가 나 있었다. 그것은 암사자가 새끼 한 마리가 죽은 채로 남겨진 것을 발견한 상황과 같았다. 어머니는 그것을 책임질 누군가를 찾았다. 어머니는 왔다 갔다 하면서 일련의 질문을 시작했다.

하느님이 어떻게 트레이시에게 이런 일을 하실 수 있지?

하느님이 어떻게 우리에게 이런 일을 하실 수 있지?

이번 생生에서 하느님은 내게 무엇을 더 바라시는 거야?

그 모든 것 중에서 가장 궁금한 것은 도대체 하느님은 어디 계시는 거야?

이 질문들은 수사학修辭學적인 질문[5]이었지만, 나는 예수회 수사였다. 하느님은 내 목적이었기 때문에 나는 대답을 감행했다. 그러나 내가 말을 할 때마다 어머니는 내 생각을 잘라 버렸다. 이럴 때 우리는 종종 우리와 가장 가까운 사람들에게 폭언을 퍼붓는다. 나는 어머니에게 나도 어머니의 새끼 중 하나라

---

5 수사 의문문은 답을 알면서도 강조의 목적으로 사용하는 의문문이다.

는 것을 상기시켜 주고 싶었다!

  그래도 용기를 내서 내 인생에서 틀림없이 가장 고통스럽고 중요한 신학적 논의를 시작했다. 나는 어머니에게 이렇게 말했다. 만일 누군가가 어젯밤 하늘에 하느님이 앉아 계셨고 "또 다른 사지 마비 환자가 필요해, 트레이시가 그렇게 될 것이야. 자, 그러니 그것을 위해 교통사고를 내기로 하자."라고 생각하셨다는 것을 증명하라고 한다면, 즉 만일 이 사고가 하느님의 적극적인 의지라면 그때 나는 사제직과 예수회와 교회를 떠날 거예요. 나는 그런 하느님을 몰라요. 나는 그런 하느님을 섬기고 싶지 않아요. 나는 이 세상에서 그런 하느님의 대리인이 되고 싶지 않아요. 그러자 어머니가 내게 응수했다. "그래, 그렇다면 하느님은 어디 계시니?" 나는 부드럽게 대답했다. "지금까지 가난한 사람들을 돌보았던 관대하고 헌신적인 소녀가 이제는 가장 가난한 처지가 된 것에 하느님도 우리처럼 곤혹스러울 거라고 나는 생각해요." 그것은 돈과는 아무런 관련이 없었다. 사랑이신 하느님과 우리에게 잔인한 일을 하시는 하느님 사이에서 선택을 할 필요가 없었다.

이사야서에서 상실로 신음하시는 하느님과 요한 복음 11장에서 가장 친한 친구의 무덤 앞에서 우시는 예수님처럼, 하느님은 우리의 고통 밖에 서 있지 않고, 고통 속에서 우리와 동반하면서 고통 안에서 우리를 끌어안고 우리의 슬픔과 고통을 공유하신다.

이후 몇 달 동안, 내가 아는 최고의 몇몇 그리스도인으로부터 아주 놀랍고 무서운 편지를 받았다. 몇몇 사람은 이렇게 썼다. "트레이시가 하느님께 깊은 상처를 주는 어떤 죄를 지었기 때문에 지상에서 그 벌을 받아야만 해요. 왜냐하면 하느님은 조롱당하지 않을 것이기 때문이에요!" 그들은 계속해서 말했다. "이제 하느님과의 평화를 아는 유일한 방법은 하느님의 뜻을 받아들이는 것이에요." 그들은 실제로 하느님이 우리를 구원할 것이라고 믿고 있었다. 1988년 이래로 이런 신학이 상상했던 것보다 훨씬 더 공통적이라는 것을 나는 발견했다. 나는 암에 걸린 사람들, 불임 문제가 있는 부부들과 자식을 잃은 부모들을 만났고, 그들은 하느님이 그들에게 내리셨다고 생각하는 저주를 풀기 위해 그들이 무엇을 해야 하는지 내게 물었다. 단지 그들을 생각하기만 해도 나는 울고 싶어진다.

다른 사람들은 "트레이시의 고통은 그녀가 죽은 후 머무를 천상 저택의 영광스러운 건축용 자재를 하늘로 보내기 위한 것"이라고 썼다. 이것은 보통 '죽으면 하늘에서 먹을 수 있는 파이'[6] 신학이라 불리는 것이다. 하늘에 계신 아버지의 집에 그렇게 많은 방이 있다는 것을 나는 몰랐다. 그 방들에 퍼스트, 비즈니스, 이코노미 클래스가 있다는 것도 나는 몰랐다. 만일 그렇다면 천국은 굳이 승격되려 애쓰지 않아도 될 내 인생의 첫 번째 계산대가 될 것이다! 진주로 된 천국의 문 바로 안쪽에 있는 판자촌에서 교외에 있는 천상의 주택가로 가기 위해 매일 씻기고 먹이고 입히고 하는 노력을 20년 넘게 해야만 한다면 나는 그런 것들을 감당할 수 없다. 거의 소수의 사람들만이 그렇게 할 수 있다고 나는 생각

---

[6] '죽으면 하늘에서 먹을 수 있는 파이'(pie-in-the-sky-when-you-die)란 공허한 약속이나 소망, 실현될 수 없는 미래의 행복, '그림의 떡'이다.

한다.

마지막으로 "하느님은 단지 그 고통을 견딜 수 있는 사람에게 가장 큰 십자가를 보내시기 때문에 당신 가족은 진실로 축복을 받았습니다."라고 말하는 다수의 편지와 카드가 있었다. 특별한 축복을 받지 못한 그 사람들이 어떻게 다른 사람의 고통을 볼 수 있는지 나는 늘 궁금했다. 하지만 이런 주장을 좀 더 생각해 보자. 우리는 이렇게 생각할 수 있다. 만일 이 주장이 맞는다면 우리 모두 무릎을 꿇고 아침, 정오, 그리고 밤 기도로 오직 단 하나의 기도만 드려야 한다. "저는 겁쟁이에요. 저는 겁쟁이에요. 저는 겁쟁이에요, 오! 하느님! 저를 강하다고 여기지 말아 주세요." 만일 이 신학이 참이고 하느님이 당신을 강하다고 여기면 당신은 큰 고통의 십자가로 축복을 받게 될 것이다.

이런 반응에 덧붙여 위로해 주고 싶어 하는 선한 사람들이 있었다. 그들은 나쁜 소식에 직면했을 때 흔히 이야기하는 세 가지 위로의 말을 해 주었다. "그것은 모두 신비입니다." "나의 길은 너의 길과 다르다." "오직 하늘에서만 우리는 하느님의 계획을 알게 될 것입니다." 이 진술들 각각은 참이다. 그러나 솔직히 어떤 사람의 경우에는 그들이 이야기하는 그 말의 의미가 진실하다는 것을 나는 전혀 확신하지 못했다. 선한 사람들은 위로가 되기를 희망하면서 무슨 말이든지 해 주기 위해 종종 그런 말들을 했다. 그러나 그것은 내게 위로의 효과가 없었다. 하느님의 방식과 생각이 우리가 희망하거나 상상할 수 있는 것보다 무한히 크다는 것은 절대적 진리이다. 하지만 고통의 한가운데 있는 사람에게 이사야서 55장을 낭송하는 것만으로 위로하려 하는 것은, 하느님을 인간 드라마 밖에서 우리 삶의 행동을 지켜보기만 하는 전지全知하지만 동정심 없는 관찰자로서 인식하게 한다. 그러나 예수 그리스도 안에서 우리와 하나 되신 하느님의 육화에서 중요한 점 중 하나는, 하느님은 특히 우리가 커다란 절망에 빠지는 그 순간과 관련해서 당신의 방식과 생각을 알려 주시고 계시하기를 원하시는 것이 틀림없다는 것이다. 예수님의 삶과 죽음과 부활은 하느님이 가장 친밀한 방식으로 인간의 역사에 당신 자신을 융합融合하신 것을 보여 준다. 신비 속에 계시다가 우리 삶이 힘들어질 때는 무단 외출(AWOL, absent without leave)하는 저 높으신 존재로서의 하느님을 우리는 사랑하거나 믿지 않는다. 육화는 하느님이 분명히 인간 모험의 그 모든 복잡성과 고통 속에 존재로서 참여하여 헌신하고 있음을 우리에게 보여 준다.

그래서 누이의 사고 후에 편지를 써서 내게 보내 준 사람들에게 매우 감사한다. 그들은 삶의 최악의 순간에 우리를 하느님께 끌어당기지 못하는 어떤 무서운 신학을 우리가 얼마나 자주 듣는지 내게 경고해 주었다. 그런 신학은 우리를 소외시킨다. 그런 신학이, 신적 현존이 약하고 인간적인 우리 세계의 어디에 어떻게 적합한지 복잡하게 지성적인 토론을 하는 우리를 원하시는 하느님을 믿는 것으로부터 잠시 나를 떼어 놓았다.

따라서 우리가 유혹을 받고, 종종 "하느님 도대체 어디에 계세요?"라고 묻는 유혹에 빠지게 될 때 나는 영적 건강을 위하여 다음과 같은 일곱 단계를 제시한다.

1. 하느님은 직접적으로 아픔과 괴로움과 질병을 보내지 않으신다. 하느님은 우리를 벌하지 않으

신다.
2. 비록 아픔과 괴로움과 질병으로부터 우리가 무엇을 배울 수 있을지라도, 우리를 가르치기 위해 하느님이 사고를 보내지는 않으신다.
3. 하느님은 지진, 홍수, 가뭄 또는 다른 자연 재해를 일으키지 않으신다. 기도는 세상을 변화시킬 수 있도록 우리를 변화시켜 달라고 하느님께 요청하는 것이다.
4. 하느님의 뜻은 작은 것보다는 큰 그림 속에 있다.
5. 하느님은 예수님의 피를 필요로 하지 않으셨다. 예수님은 단지 '죽기' 위해 오신 것이 아니다. 그러나 하느님은 죽음의 종국終局을 선포하려고 예수님의 죽음을 사용하셨다.
6. 하느님은 완전하지 않은 세상을, 괴로움과 질병과 아픔이 현실인 세상을 창조하셨다. 그렇지 않다면 이 세상은 천국이 되었을 것이다. 그런데 지금 우리는 '우리 자신을 위해 우리가 만들어 낸 몇 가지 문제들'로 하느님을 비난하고 있다.
7. 하느님은 우리를 죽이지 않으신다.

01

하느님은 우리에게
나쁜 일을 하지 않으신다

하느님은 직접적으로 아픔, 죽음,

괴로움과 질병을 보내지 않으신다.

하느님은 우리를 나쁜 일로 벌하지 않으신다.

나는 몇몇 사람이 폭군 같은 하느님tyrannical God
을 믿는다는 것을 알게 되었다. 일반적으로 폭군이
라는 근대적인 개념은 그들이 '공포와 죽음, 고문과
억압을 통해 자신의 권력을 유지하는 절대적인 통
치자'라는 것이다. 대부분의 사람은 당연히 공포뿐
만 아니라 기본적으로 그 통치하에서 살아남아야만
하기 때문에 폭군에게 도전하지 않는다.

내게 편지를 써서, 지은 죄 때문에 또는 하늘에
공덕을 쌓기 위한 수단으로 누이가 하느님께 벌을
받아야 한다고 넌지시 말한 사람들은 폭군 같은 하
느님을 믿는 것이다. 트레이시는 내가 알고 있는 아
주 멋지고 인정 많은 사람 중 하나이다. 폭군의 통
치하에서 살아남는 것이 삶이라는 생각은, 우리가
받아들이고 싶어서라기보다는 오히려 일반적인 느
낌으로 훨씬 더 고착되어 있다. 이런 생각은 우리가
해서는 안 될 일을 하거나 이야기하고, 우리가 실수

를 할 때 그 추악한 머리를 보여 준다. 우리는 하느님이 우리에게 즉각적인 경각심을 일깨워 주신다고 생각할 수 있다. 이런 생각은 하느님은 우리가 나쁜 행동을 한순간까지는 용납하지만, 누가 주인인지를 우리에게 상기시킴으로써 바보짓을 멈추게 한다고 주장한다. 그러나 실수와 사지 마비는 전혀 다른 것이다.

그것은 성 유다 타대오 St. Jude에게 드리는 '기도의 인도자'prayer guides, 즉 '절망에 빠진 자의 희망'hope of the hopeless으로 위장한 '행운의 편지'와 같다. 어리석은 그 모든 명령을 정확히 따라하면 하느님은 우리의 청원을 허락하실 것이다. 기도에 응답이 없다면 아마도 그 명령의 한 단계를 잘못했기 때문이다. 심지어 '행운의 편지'는 규정에서 조금만 이탈해도 하느님의 진노로 벌을 받을 것이라고 말한다. 우리는 대부분 이런 것을 진지하게 생각하지 않는다. 이런 일이 하느님을 세속적인 서커스의 무대 감독으로 전락시켜, 피할 수 없이 무엇이든 시키는 대로 하게끔 우리에게 성스러운 채찍질을 하는 일이라 생각한다면 진지하게 생각할 필요가 없다. 그러나 반대쪽 논리로 보면 그 '행운의 편지'의 요구 조건을 모두 만족시킨다면 하느님이 우리를 좋게 대해 주실 것이라고 믿는다는 의미도 된다. 그러나 분명히 말하건대 하느님이 우리 기도를 심각하게 받아들이도록 하기 위해 기도문을 아홉 번 작성하여 아홉 개의 교회에 남겨 둘 필요가 없으며, 아홉 개의 이메일을 전달할 필요는 없다.

몇몇 사람은 하느님이 직접적으로 아픔, 죽음, 괴로움, 질병을 보내거나 의도한다는 생각은 "구약 성경의 하느님 이미지"라고 말한다. 전체적으로 볼 때 그런 이미지를 강화시키는 구약 성경의 일부분, 즉 바위에 아기 머리를 후려갈기거나 적군을 짓밟거나, 나라 전체의 맏아들을 죽이는 하느님을 우리 모두는 알고 있다. 그러나 문화적인 지성과 보살핌을 갖고 있는 구약 성경은 구원에 대한 길고 복잡한 사랑 노래이며, 하느님이 우리가 죽지 않고 살기를 어떻게 원하시는지 노래한다.

어떤 사람에게는 폭군 같은 하느님이 그의 삶에서 겪는 깊은 고통에 대한 두렵지만 깔끔한 해결책이다. 또 다른 사람들은 고통이 어딘가에서 왔고 무고한 사람들이 고통을 받을 때 하느님이 그 고통을 직접적으로 보내셨다고 결론을 내린다. 숙고한 후에 나는 여기서 '직접적으로'라는 단어를 사용한다. 나는 하느님이 이 세상의 도덕적인 악과 물리적인 악에 대해 책임을 져야한다고 생각하지만, 단지 '간접적으로'라고 믿는다. 하느님이 이 세상보다 더 나은 세상을 만들 수 있었다고 상상해 보긴 하지만, 그것을 확신할 수는 없다. 하느님은 우리에게 하느님을 거부할 수 있는 단계까지 자유 의지free will라는 선물을 주셨다. 이런 자유의 결과로 우리는 파괴적인 선택을 할 수 있었을 것이고, 어쩌면 이 세상은 그것을 얻을 수 있는 만큼 좋은 것이다. 어쨌든 우리는 세계를 있는 그대로 다루어야만 한다.

그래서 나는 우선 하느님이 공포와 죽음, 고문과 억압으로 권력을 유지하는 절대적인 통치자라는 사실을 거부한다. 왜냐하면 예수님의 인성人性과 과업에서 이런 것들을 볼 수 없을 뿐만 아니라, 그런 하느님을 나는 진정으로 사랑할 수 없기 때문이다. 요한의 첫째 서간 제1장에 나오는 글의 방향을 뒤집으면 "참된 두려움은 사랑을 몰아냅니다."가 된다.

나는 하느님을 경외하고 하느님의 현존과 창조에 경의를 표하는 가장 전통적인 감각으로 '주님에 대한 두려움'을 갖기를 원하지만, 또한 하느님의 사랑을 사랑이라는 제물로 돌려주기를 원한다. 그리고 그렇게 하기 위해 나는 하느님을 두려워할 수 없다.

우리가 정직하게 믿는 하느님이 진정한 사랑을 위하여 우리 중 누군가의 아기를 죽이고, 유방암을 보내고 불임으로 만들고, 벌점을 높이기 위해 자동차 사고를 일으킨다는 것은 불가능하다고 나는 믿는다. 자기 방식대로인 이런 하느님은 작은 신神처럼 보인다. 이런 하느님은 분노 관리 수업을 통해 모든 강렬한 분노 감정을 파괴가 아닌 창조로 이끌 수 있는 방법을 배워야 할 것 같은 사소한 폭군처럼 보인다. 더욱이 하느님이 우리에게 악을 보내신다면 최악의 죄인들, 즉 우리 세상에 실재하는 폭군들로부터 시작하고 나머지 사람들은 그다음 순서로 남겨 둘 것이라고 생각할 수도 있지만, 결코 그렇게 될 것 같지는 않다.

그렇다면 내가 어떻게 하느님이 본래 죽음과 관계가 없다고 확신할 수 있을까? 첫째, 요한의 첫째 서간 1장 5절에서 우리는 "하느님은 빛이시며 그분께는 어둠이 전혀 없다는 것입니다."라는 말을 듣는다. 나는 '텍스트에서 근거 찾기'[7]로 비난받기를 원하지 않는다. 이것은 일부 그리스도교 신자가 겪는 불행한 종교적 질병으로, 자기주장을 뒷받침하는 것으로 보이는 성경 본문 하나 single scriptural text를 그 주제에서 찾을 수 있는 마지막 단어로 착각하는 것이다. 문맥상 취해진 요한의 첫째 서간 1장 5절은 실제로 예수님 안에서, 그리고 예수님을 통하여 빛나는 하느님 사랑의 빛에 관한 설교이다. 이것은 아마 1세기 후반에 에페소 교회를 위해 기록된 것으로, 당시 예수님을 육화한 인간이라기보다는 영靈이라고 주장했던 이단에 대한 반박인 것처럼 보인다. 예수님은 이 세상에 사는 우리를 향한 희생적인 사랑을 통해 그 사랑 안에서 빛이시며, 그리고 바로

---

7 '텍스트에서 근거 찾기'proof texting란 성경의 한 구절 또는 각기 다른 여러 곳에서 구절을 뽑아 짜깁기해서 자신의 주장을 증명하려는 것을 말한다.

그 빛이 하느님의 빛이라고 요한 성인은 말한다. 그리고 성인은 그 빛 속에서 걷기를 원하는 사람은 예수님께서 우리를 사랑하신 것처럼 다른 사람을 사랑해야만 한다고 고심해서 말하는 것이다.

이런 맥락에서 우리는 암과 자동차 사고, 그리고 아이나 남편 또는 우리가 사랑하는 사람들의 죽음이 어떻게 하느님 안에서 자리 잡을 수 없는 어두운 것인지 알 수 있다. 그런 것들이 우리를 시험하기 위해, 우리가 그에 어떻게 대처하는지 보기 위해 하느님이 우리에게 고통을 가하는 무기고에 있는 일부一部 병기가 될 수 없다. 바오로와 다른 신약 저자들은 죽음과 파멸은 무질서의 표명manifestation이므로, 빛 그 자체와 순수한 사랑의 일부가 될 수 없다고 반복해서 우리에게 말한다. 실제로 어둠이 하느님 안에 거居하는 것을 암시하는 듯한 종류의 생각은 우리의 일상적인 대화 안에 자리하고 있다. 다음과 같은 말을 몇 번이나 들었는지 생각해 보자. "그래, 그 '손'이 나를 그렇게 처리했어. 그래서 이제 나는 그렇게 살아야 해." 때때로 그 '손'이 처리한 것에는 사랑하는 사람의 죽음이 포함되고, 폭력적인 가정에서 자라거나 또는 질병으로 고통받는 것까지도 포함된다. 어떤 경우에도 카드 게임으로서의 삶의 은유에는 한계가 있다. 하지만 그리스도인들이 이 구절을 사용할 때 나는 그들이 누구와 게임을 하고 있다고 생각하는지에 관심이 있다. 거의 모든 경우, 삶이라는 테이블에서 불운한 사람들에게 부당한 책임을 지게 하는 적극적인 손은 하느님이다. 만일 우리가 이 은유를 사용해야만 한다면, 삶은 그 '손'을 가진 딜러dealer에 달려 있다. 그리고 삶이란 우리가 준비하고 생각하는 것보다 훨씬 더 우연에 가깝다고 생각할 수 있다. 좋은 소식은 하느님이 딜러의 자리에 앉아 있다기보다는, 게임 내내 우리와 같은 자리에서 우리와 함께하신다는 것이다.

하느님이 본래 죽음과 관계가 없다고 내가 확신하는 두 번째 이유는 예수님의 본성과 행동에 주의를 기울이기 때문이다. 구약 성경에 나오는 하느님의 다양한 이미지와는 관계없이, 우리는 새로운 계약의 사람이다. 그 결과 우리는 신약 성경의 관점에서 구약 성경의 하느님을 해석한다. 우리는 복음서에서 하느님의 말씀과 지혜가 예수 그리스도 안에서 육체로 된 것이 죽음이 아닌 생명, 파괴가 아닌 건설, 고통이 아닌 치유라는 것을 본다. 신약 성경에는 예수님이 누군가로부터 그 무엇을 빼앗은 것에 관해 우리가 읽을 수 있는 페이지가 하나도 없다. 아픈 다리 하나를 끌고 예수님을 찾아가서 덤으로 다른 다리까지 절단 당했기 때문에 목숨을 빼앗긴 사람은 아무도 없다. 우리가 예수님이 몰아냈다고 들었던, 성전에서 돈을 벌고 있는 사람들에게 예수님은 정당하게 화를 내셨을지는 모르지만, 그 사람들에게 몰상식한 채찍질을 했다는 말을 우리는 듣지 못했다. 예수님은 확실하게 바리사이, 사두가이, 열혈당원, 그리고 율법 학자들과 맞섰지만, 결코 복수심에 불타지는 않았다. 예수님은 그들을 곤경에 빠뜨리지도 않았다. 심지어 당시 이스라엘의 적이었던 로마인조차도 예수님은 존경심으로 대했고, 그의 위대한 믿음을 칭찬했다. 오늘날에도 그리스도는 우리 십자가를 지고 우리 짐을 져야 한다고 고통에 직면해서 도전하라고 우리에게 말씀하신다. 그러나 그것은 성부와 성자와 성령이 처음부터, 우리에게 십자가를 보내어 짐을 지라고 말씀하시는 것과는 매우 다르다.

그리스도인으로서 나는, 예수님이 하늘에 계신 복수심에 불타는 심술궂은 성부를 위해 사랑스럽고 자비심이 넘치는 방법으로 행동했을 때 실로 사람의 얼굴을 하고 그냥 좋은 쇼를 했다고 믿지 않는다. 사실상 '나 스스로는 아무것도 할 수 없으며' '아버지와 나는 하나'이기 때문에 사랑과 자비로 활동하시는 예수님을 볼 수 있다는 것은 결정적으로 자비와 사랑으로 활동하시는 하느님을 볼 수 있다는 것임을 나는 고수한다. 따라서 만일 예수님이 우리를 해치지 않았다면 하느님도 그러하실 것이다.

그렇다고 이것이 판단과 정의正義에 대한 다루기 힘든 신약 성경 본문들을 우리가 버려야 함을 시사하는 것은 아니다. 나는 하느님의 정의를 열정적으로 믿는다. 누구든지 진지하게 자유 의지를 받아들여야만 한다. 그러나 판단과 비난을 구별하는 것이 좋다. 요즈음 우리는 종종 사람들이 "우리는 판단해서는 안 된다."라고 말하는 것을 듣는다. 심지어 어떤 사람은 "예수님은 누구도 판단하지 않았다."라고 주장하면서 판단을 하지 않는 것이 특히 그리스도교의 특징이라고 생각한다. 그들이 복음에서 무엇을 읽었는지 잘 모르겠지만, 그것은 마태오, 마르코, 루카 복음이나 요한 복음은 아니다. 그들의 주장은 거의 모든 수준에서 잘못된 생각이다. 우리는 사람들이 "판단하지 않는다."라고 말하는 것을 들을 때 사실은 "비난하지 않는다."라고 말하는 것으로 여길 수 있다. 그러나 판단과 비난 사이에는 엄청난 차이가 있다. 판단을 하는 것은 평가를 하는 것이다. 비난을 하는 것은 매도하는 것이다. 예수님이 사람들의 행동을 판단하지 않는 신약 성경은 한 페이지도 없지만, 예수님은 결코 그들을 비난하지 않으신다. 이런 점에서, 요한 복음 8장에 나오는 간음한 여인의 이야기는 가장 유명한 이야기 중 하나이다. "여인아, 그자들이 어디 있느냐? 너를 단죄한 자가 아무도 없느냐?" 그 여자가 "선생님, 아무도 없습니다." 하고 대답하자, 예수님께서 이르셨다. "나도 너를 단죄하지 않는다. 가거라. 그리고 이제부터 다시는 죄짓지 마라." 이 이야기와 관련하여 그리스도교 전통은 성령의 일곱 은사 중 하나가 바로 현명한 판단 즉, 의견이라고 주장한다. 이 은사를 우리가 실행할 의도가 전혀 없는데도 성령이 이 은사를 우리에게 주시려 하는 것은 이상해 보인다.

예수님이 판단은 하지만 비난을 하지는 않았다는 이런 관점에서, 나는 종종 하느님의 정의에 관한 종말론적인 성경 본문들을 읽었다. 우리가 행하거나 말한 것을 비난받는다고 느낀다면 그것은 바로 하느님이 우리를 구원하러 오시기 때문이 아니고 우리 스스로를 우리가 비난하기 때문이라는 것을 나는 믿는다. 가장 파괴적인 행동의 어둠 속에서 우리 스스로를 잃어버린다고 생각할 때조차도 우리를 구원하시는 그리스도의 사랑은 유효해서 어둠에서 나와 그의 빛 가운데로 들어오라며 우리를 초대한다고 요한 성인은 말했다. 비난은 오직 모든 것을 보시고 모든 것을 아시고 모든 것을 사랑하시는 하느님의 특권일지 모른다. 그러나 예수님의 모범으로 볼 때 심지어 우리 나쁜 행동의 모든 맥락과 이유조차도 모든 것이 적나라하게 벗겨지기 때문에 하느님의 심판은 자비로 가득 차게 될 것이다.

나는 이 생生에서 우리를 벌하기 위해 하느님이 직접 고통과 죽음을 보내고 질병을 사용하신다는 생각이 얼마나 잘못됐는지 적용하는 것으로 이 장을 끝내려고 한다.

1986년 어떤 복음주의 설교자가 동성애자들의 죄를 벌하기 위해 하느님이 에이즈HIV/AIDS를 보냈다고 말하는 것을 들었다. 그는 실제로 동성애자들이 혐오스럽기 때문에 하느님이 그들을 죽이고 있다고 주장했다. 다른 교회 지도자와 신자들도 이렇게 분명히 말하지는 않았지만 보다 온건한 어조로 표현했다. 오늘날까지 일부 그리스도인은 이것을 유지하고 있다. 물론 이런 종류의 해석에서는, 하느님보다는 설교자가 더 드러난다. 하느님의 사랑과 선함은 이런 사람들에게는 한계가 있고, 동성애는 하느님의 인내를 소진시키는 것처럼 보일 것이다. 당시의 이 연결은 잘못되었고, 지금까지도 잘못되어 있다. 왜냐하면 하느님의 사랑과 자비가 미치지 않는 사람은 없을 뿐만 아니라, 하느님은 어떤 사회에서 거부당하고 경멸당하는 사람과 그 사회에서 주변부로 밀려난 사람들을 특별히 사랑하신다는 충분한 증거가 성경에 있기 때문이다. 우리 하느님은 변두리를 제일 좋아하시는 것처럼 보인다. 이런 맥락에서, 나는 여러 가지 이유로 당신의 현존을 가장 필요로 하는 사람들을 싫어할 뿐만 아니라 너무 화가 나서 질병을 사용해서 그들을 버리는 하느님을 주장하는 성경의 증인들을 전적으로 부인한다. 그런 하느님은 나치의 하느님이다.

1986년 이래로 일어난 일이 처음부터 불합리했던 그 주장을 제거했다. 비극적으로 그리고 수치스럽게도, 유엔은 현재 전 세계 에이즈 감염자 중 49%가 사하라 이남 지역의 아프리카 여성과 어린이라고 보고했다. 이들 여성 대부분은 이성애 전염으로 감염되었고, 그들의 아이들은 자궁에 있는 동안 감염되었다. 그렇다면 이런 방식으로 '벌을 받는' 이 사람들이 무슨 일을 했는가? 아니면 게이 공동체와 하느님과의 전쟁에서 얻어진 부수적인 피해인가? 그렇다면 피 흘림에 대한 하느님의 갈망은 한계가 없는 것이다. 시신屍身의 수는 계속 증가하고 있다.

악을 허용하는 하느님과 우리에게 악한 행위를 행하는 하느님 사이에는 엄청난 차이가 있다. 우리는 폭군 같은 하느님 이미지를 홍보하고 지지하는 사람들을 잘 살펴볼 필요가 있다. 그 자리에서 우리는 모든 형태의 폭정을 정복하고, 우리의 아픔과 죽음, 괴로움과 질병을 통해 우리와 동반하시는 예수님뿐만 아니라 우리가 길을 잃어 버렸을 때 우리를 찾아 나와 집으로 인도하시는 예수 그리스도에게서 볼 수 있는 어둠이 없는 하느님께 매달려야 한다.

02

고통을 통해 우리가
성장하기는 하지만,
우리를 성장시키기 위해
하느님이 고통을
보내지는 않으신다

비록 우리가 사고 accidents를 통해서

무엇을 배울 수 있다 하더라도,

우리를 가르치기 위해

하느님이 사고를 보내지는 않으신다.

어머니와 내가 누이의 병실에 있을 때 우리 모두의 삶이 어떻게 변화될 것인지 알 방법이 없었고, 그중에서도 누이의 가슴이 가장 찢어질 듯했다. 누이의 말로 이야기를 계속하겠다.

"나는 이제 사지 마비다. 그것을 내가 받아들일 수 있을지 나는 모르겠다."

"사고가 난 지 4일 후, 척추 수술을 위해 나는 브리즈번Brisbane에 있는 프린세스 알렉산드라 병원 Princess Alexandra Hospital으로 이송되었다. 이곳은 현실이 실제로 작동하는 곳이다. 두 개의 금속 집게가 두개골을 뚫고 들어와, 밧줄rope과 도르래로 침대 머리에 부착된 U자형 금속 조각과 연결되었다. 밧줄은 부러진 뼈를 견인하는 역할을 하는 무거운 주머니로 뻗어 있다. 내 목은 정상 크기의 네 배 정도 되고, 마치 공포 영화에 나오는 무엇인가처럼 보인다. 이것을 제외하고는 내 몸의 손상 정도를 보여 주는 것은 머리에 있는 아주 작은 찰과상뿐이다."

"이곳의 의사들은 척추 손상을 치료하는 전문가들이고, 능숙하게 수준 있는 대화를 나눈다. 나는 경부 6/7에서 완전한 척수 손상을 입었다. 그 결과 방광과 장을 포함해 가슴 아래쪽의 모든 감각과 움직임을 상실했다. 나는 팔 근육 일부의 감각과 움직임을 잃었고, 손의 감각과 움직임을 완전히 잃었다."

"적어도 하루에 백 번은 내가 무엇을 느끼고 움직일 수 있는지 정신적인 검사를 한다. 내 존재 전체에 집중하고, 발가락에서 머리까지 나의 온몸을 점검한다. 이 과정은 희망과 파멸의 감정적인 롤러코스터를 타는 것 같다. 그러나 이것은 나를 살게 하는 약과도 같다. 나는 머리와 어깨를 느낄 수 있다. 내 몸의 10%가 100% 관심을 얻기 위해 비명을 지른다. 막힌 귀를 푸는 것 같은 간단한 작업에도 다른 사람의 도움이 필요하지만, 결코 만족스러운 결과를 얻지 못한다. 두피의 가려움은 변치 않는 동반자처럼 보이고, 가끔은 내가 개미집에 누워 있는 듯한 기분이 든다. 가장 무서웠던 경험은 외로운 모기가 전화하기로 결정했을 때였다. 그 독특한 날카로운 비명 소리가 머릿속에 울려 퍼졌다. 많은 경우 내 팔은 윙윙거리는 강적을 퇴치하기 위해 반사적인 몸짓을 했다. 그 몸짓은 두개골에 부착된 금속에 충격을 줄 뿐만 아니라 통증을 더욱 강화시켰다. 결국 파블로프의 조건 반사적인 방식으로 나는 약간의 어떤 불편함은 무시하는 것이 더 낫다는 것을 배웠다."

"침대에 누워 있는 삶의 또 다른 중요한 국면은 시간이다. 생각할 시간이 너무 많다. '왜?'와 '…라면 어떻게 될까'와 같은 일반적인 질문이 생각을 지배한다. 몇 가지 알 수 없는 이유로, 사고 후 나는 세 차례 '기름부음'을 받았다. 그것은 '병자의 축복'이라 불리는 것이다. 병자성사는 아니고, 가톨릭교회에서 행하는 재난에 대한 전형적인 반응이다. 또한 나는 고통과 하느님의 계획에 관한 책에서 모든 진부한 종교적 이야기를 들을 수 있는 모호한 영예를 안았다. 움직일 수 없기 때문에 얻은 결과 중 또 하나는 원하지 않는 방문객들로부터 벗어날 수 없다는 것이다."

"수년 동안 내가 만나고 간호했던 모든 사람을 생

각한다. 내가 본 사람 중 수백 명은 죽었다. 나는 죽음을 두려워하지 않으며, 여러 면에서 죽음을 환영할 것이다. 내 역사를 여러 번 다시 쓸 때마다 그 사고가 치명적인 것이었음을 확인한다. 이것 또한 무익한 생각이지만, 나름의 독특한 방식으로 내게 위안을 준다. 수많은 생각 중 매우 놀라운 것은, 내 입장과 바꾸지 않을 사람들의 수이다. 나환자의 신체적인 기형에 이제 약간의 감사를 느끼긴 하지만, 그들 중 많은 사람들이 움직일 수 있다 하더라도 나환자와 사지 마비를 바꿀 수는 없다. 또 다른 그룹은 콜카타의 가난한 사람들destitute이다. 생존한다는 단순한 사실은 내게는 삶이 아니다. 마지막 그룹은 호주의 토착 원주민들Aborigines이다. 이 사회에서 흑인으로서는 주요한 자리는 물론이고 사소한 모든 차별에 대해 저항하지 않고서는 살 수 없다고 생각한다. 휠체어에서 나는 훨씬 안전하고, 그래서 원주민도 그렇게 사는 것이다.

"뜻하지 않게, 보고로드 지역 교도소local Boggo Road jail의 수감자들이 여흥을 제공할 뿐만 아니라 척추 병동 환자들을 격려해 준다. 그들이 한 번 탈주脫走를 행할 때마다 우리는 베란다에 줄을 서서 그들을 응원한다. 그들은 우리보다 그들을 막고 있는 장애에서 탈출할 수 있는 기회가 더 많고, 항상 성공하지는 못하더라도 적어도 탈출을 시도한다. 이런 태도가 내 마음 속에 작은 창문을 열어 주었다. 삶은 계속될 것이고, 아마도 내 모험은 아직 끝나지 않았을 것이다."

...

'모험'은 막 시작되었다. 우리에게 고통을 주고 그것을 돌려서 선한 유익을 얻도록 하신 하느님을 직접적으로 탓할 필요는 없다. 의미를 찾는 것은 인간의 강력한 본능이다. 그러나 트레이시의 사고는 그 자체로는 아무런 의미가 없었다. 그것은 잘못된 시간과 잘못된 장소와 최악의 결과가 교차되어 초래된 무작위적인 사건이었다. 아주 신중하게 나는 최악의 결과라고 말한다. 왜냐하면 사고 하루 후 우리가 다원에 도착했을 때 의사들이 이렇게 말했기 때문이다. "두 분이 여기까지 오시는 동안 여러분의 딸과 누이는 부상으로 거의 죽은 상태였지만, 우리는 그녀가 살아 있다는 것을 여러분이 알기를 원해요. 아마도 그녀는 사지 마비가 된 것 같아요." 우리는 죽음을 일종의 비극적인 위로로 들었다. "누가 트레이시를 사지 마비로 상상할 수 있을까요?" "그녀가 어떻게 대처했나요?" "우리가 어떻게 해야 할까요?" 이런 것들이 절망과 슬픔 한가운데서 내가 상상할 수 있는 종류의 질문이었다.

그러나 모험은 우리 모두에게 막 시작되었다. 그 이후로도 계속 나를 괴롭혔지만, 그래도 누이의 사고로 가족 중에서 가장 영향을 덜 받은 사람은 나였다. 나는 내 가족들이 살고 있는 곳과 다른 주에 있는 도시에서 살고 있었다. 어머니의 삶은 완전히 바뀌었다. 56세 이후, 어머니는 십여 년간 완전히 헌신적인 간병인이 되었다. 형 피터와 형수와 조카들은 우리 집 근처에서 살았고, 그들은 누이를 위해 항상 거기 있었다. 트레이시는 결혼하기 위한 약혼을 더 이상 지속하지 않았다. 트레이시는 초기에 여러 번 우리에게 안락사를 요청했고, 우리는 몇몇 뛰어난 친구와 가족의 충실함을 보았다.

내 생각에는 사고 후 2년은 단순히 지루하기만 했

다. 그러나 2년이 지나자 트레이시는 콜카타에서의 자기 이야기를 쓰기로 결정했다. 오직 어머니만이 몇 년 동안 트레이시가 인도에서 써 보낸 모든 편지를 다락방에 보관해 두었다. 그 편지들을 기초로 해서, 트레이시는 몇 시간 동안 앉아 두 집게손가락에 연장된 키보드로 더 긴 이야기를 엮어 냈다. 그것은 매우 느린 작업이었다. 그해 말까지 11페이지를 읽을 수 있었다. 그녀는 '문학 동료로부터' 조언을 듣기 위해 그것을 내게 보냈다. 내 친구 중 한 명이 유명한 호주의 소설가, 테아 애쉴리[8]였다. 그녀의 형제인 필립은 예수회 수사였다. 테아는 호주 최고의 문학상을 수상한 지성적인 작가였지만, 그녀의 말은 솔직했고 소박했다. 그녀가 내게 전화를 해서 말했다. "네 누이는 굉장히 좋은 이야기꾼이야. 네 누

---

8 테아 애쉴리(Thea Astley, 1925-2004)는 호주의 소설가이자 교육자이다. 호주의 문학상 'Miles Franklin Awards'를 네 번 수상했다. 1960-1970년대 남성 중심적이던 호주 문학 세계에서 성공을 거둔 유일한 여성 소설가이다.

이는 여기 상당히 훌륭한 책의 기초를 갖고 있어." 나는 솔직하게 이야기하는 이 두 여성을 서로 만나게 했다. 그들은 내가 예상했던 것처럼 확고한 친구가 되었다. 컴퓨터는 장애를 혁명적으로 변화시켰다. 그해에 트레이시는 말하는 것을 받아쓸 수 있는 음성 인식 프로그램voice-activated program을 갖게 되었다. 테아가 배후에서 조언을 해 주기 시작한 지 4년 후 「The Full Catastrophe」(충만한 파국)가 출판되었다. 콜카타와 노던 테리토리에서 지낸 그녀의 이야기는 독자들을 만족시켰다. 그해 가장 훌륭한 신작을 위한 몇 차례의 문학상에서 그 책은 후보 명단에 올랐고, 모험심 강한 젊은이, 자원 봉사자와 다른 하반신 불수와 사지 마비 환자들에게 가장 큰 영향을 미쳤다.

따라서 트레이시도 어느 정도는 그 사건을 무의미한 사고로 돌리게 되었고, 아직 남아 있는 그녀의 이야기와 유머와 지혜 및 경험을 제공할 정도로 관대해졌다. 하느님의 은총을 통해 나머지 사람들도 우리 자신에 대해서, 다른 사람들에 대해서 그리고 삶의 불확실함에 대해서 많은 것을 배웠다. 이 사고를 통해 나는 한 번에 두 계단씩 올라가거나 스스로 음식을 먹거나 누구의 도움도 없이 샤워를 하려고 서 있거나 실제로 화장실을 혼자서 사용할 때 감사해야 한다는 것을 배웠다. 이런 평범한 인간적인 순간에 나는 하느님께 감사를 드린다. 왜냐하면 화장실까지도 기도처가 될 수 있다는 것을 발견했기 때문이다.

나는 매우 활동적인 사람이었다. 그런데 몇 년 전 예수회의 한 선배 수사가 바쁜 내 생활 방식에 대해 도전했다. "너는 왜 항상 그렇게 분주하니?"라고 물었다. 나도 모르게 그를 보면서 눈물을 흘리며 말했다. "왜냐하면 내가 움직일 수 있기 때문이에요."

이 시간을 통해 우리 가족 모두가 고통스럽게 습득한 가장 큰 교훈 중 하나는 장애인들이 감내해야 할 제한에 대처하는 것이었다. 장애인 주차 장소가 가게에서 가장 가깝기 때문에 '장애' 스티커가 없는 차가 그곳에 교묘히 주차하려는 것을 보면, 그 주차장에서 그가 가장 먼저 대결해야 할 사람은 나였다. 또한 중증 장애인은 접근할 수 없는 장애인 화장실이 있는 호텔도 있었다. 누이도 같은 금액의 저녁을

먹기 위해, 우리 가족은 장애인만이 출입 가능한 서비스 엘리베이터를 양배추와 함께 타고 주방의 세척 구역을 통과해야만 하는 값비싼 레스토랑에도 갔다. 대부분 공공 건축물의 낮은 온도, 휠체어를 모르는 사람들이 지적 장애나 청각 장애가 있다고 추정되는 사람들에게 과장된 목소리로 소리 지르는 것뿐만 아니라 자갈을 깔아 보도를 달리는 스케이트보더를 피하고 싶은 현대 건축가들이 있다. 휠체어를 타고 그곳에 한 번 가서 보라!

그러나 이 절망적인 체험이 내게 준 가장 큰 선물은, 슬픔에 사로 잡혀 망연자실해 있거나 인생이나 하느님께 버림받았다고 느끼는 사람들에게 더 큰 공감을 하게 되었다는 것이다. 그런 순간 나는 그들에게 공감했고 "하느님 도대체 어디 계세요?"라고 한 번 이상 물었다. 그런 순간들이 결정적으로 보다 나은 사제로서 내 사제 직분을 변화시켰다.

하느님의 권능과 사랑으로 재난에서 좋은 일이 비롯될 수 있다는 것을 고려한다 해서, 이것이 처음부터 끔찍했던 사건의 본질을 변화시키지는 않는다. 충격적인 사건의 결과를 통해 우리가 성장하는 것은 하느님의 뜻이 아니다. 만일 이것이 사실이라면 이것은 논쟁할 여지가 있다. 왜냐하면 우리의 유전학 연구는 나치 의사 요제프 멩겔레[9]가 행한 1,500쌍의 쌍둥이에 대한 사악한 실험에서 상당한 이익을 얻었기 때문이다. 또한 인간 게놈 지도를 작성하기 위해 멩겔레의 발견을 선하게 응용한 것과 이것으로 치료를 하는 것이, 궁극적으로 하느님이 (멩겔레의 실험이라는) 악으로부터 선이 나올 수 있기를 바라셨음을 의미하게 되기 때문이다. 이 경우를 이런 식으로 주장하는 사람을 내가 직접 알고 있지는 않다. 사실 사악한 환경에서 얻은 실험 결과를 사용하는 것에 대해 과학 공동체의 일부에서는 이해할 수 있는 윤리적인 불안감이 있다.

---

[9] 요제프 멩겔레(Josef Mengele, 1911-1979)는 인류학·의학 박사 학위를 받고, 나치당과 SS에 합류했다. 1943년 초 아우슈비츠에 배치되어, 가스실로 보내 죽일 사람과 인간 실험을 위한 사람을 선택한 악명 높은 의사였다. 그곳에서 그는 인간 유전 연구를 수행했는데, 주로 쌍둥이 실험에 초점을 맞추었다. 그는 희생자의 건강이나 안전을 전혀 고려하지 않았다.

후에 얻어지는 선한 발전에 직면해서 끔찍한 사건의 공포를 교정하려는 이 원리는 아주 자주 개인적이고 가정적인 수준에서 일어난다. 사람들은 다음과 같이 말한다. "글쎄, 그 이후로 일어난 모든 좋은 일을 생각하면 하느님이 내 남편이나 아기를 왜 데려가셨는지, 내가 왜 유방암에 걸렸는지, 그 사고가 왜 발생했는지 이제 이해할 수 있어요." 영적인 건강은 악과 죽음과 파멸을 성금요일의 마지막 말씀으로 남기도록 허용하지 않으셨던 하느님을 매일 매 순간 생각하는 데 달려 있다고 나는 생각한다. 그러나 하느님은 엄청난 회복력과 놀라운 은총의 힘으로 인류를 고귀하게 하시며, 대부분의 최악의 상황조차도 우리가 극복할 수 있게 하시고, 빛과 생명이 마지막 말씀이 되도록 하신다. 예수 부활 대축일은 성금요일에 대한 하느님의 응답, 즉 죽음에서 벗어난 생명이다.

03

이제
기상학자로서의
하느님을 생각해 보자.
우리가 비를 내려 달라
기도하는 것을
멈출 수 있을까

하느님은 지진, 홍수, 가뭄 또는

다른 자연 재해를 일으키지 않으신다.

철학자들은 전통적으로 서로 다른 형태의 악을 세 가지 큰 악, 즉 물리적인 악, 도덕적인 악, 형이상학적인 악으로 명명하여 우리가 구분할 수 있게 도움을 주었다. '물리적인 악'은 살인과는 달리 악의적 의도가 없었다고 하더라도 우리 개인이나 생활 환경, 또는 개인적이고 사회적인 자유에 나쁜 일을 일으킨다고 지금까지 우리는 생각해 오고 있다. 대부분의 사람들은 물리적인 악의 어디에 하느님이 계시는지 알고 싶어 한다.

'도덕적인 악'은 아마 다른 어떤 형태의 악보다 우리가 많이 들어왔던 악이다. 이것은 인간의 선택과 행위의 결과에 따른 악이다. 그리스도교 신학에서 도덕적인 악에 대한 개인적인 유죄有罪와 사회적인 유죄는 내가 선택한 것에 관련해 얼마나 자유롭게 얼마만큼 알고서 고의적으로 그것을 선택했는지에 달려 있다. 이것이 죄와 알려진 양심과 도덕에 관해 우리가 이야기하는 곳이다. 물리적인 악과 도덕적인 악 사이에는 중첩重疊이 있다. 도덕적인 악은 매우 현실적인 물리적 결과를 초래하지만, 그 원인은 우리가 통제할 수 없는 외부 세계에 있지 않고 우리가 통제할 수 있는 인간적인 의사 결정 과정에 있다.

도덕적 규범이 종교적일 필요는 없다. 모든 인간 집단은 알려진 죄인에 대한 행동과 의사 결정과 처벌의 경계를 설정한다. 모든 민법 안에는 합의된 기본적 도덕규범이 있다. 종교적 신앙을 고백하지 않는 많은 사람들도 세속적이고 인본주의적인 도덕적 평가 기준 체계 안에서 그들의 삶을 살고 있다. 종교와 도덕의 첫 번째 기능은 단순하게 삶을 어떻게 살 것인가를 설명하는 것이 아니다. 도덕은 우리가 왜 살아야 하는지 그리고 실제로 그 삶이 어디서 왔는지, 즉 우리가 어디로부터 왔는지, 왜 여기에 있는지, 그리고 어디로 가는지라는 맥락에 자리한다. 종교 그 자체가 도덕에 관한 것은 아니다. 오히려 보다 중요한 것은 왜 우리가 만든 방식대로 우리가 살아야 하는지에 대한 의미와 일관성을 제공하는 것이다.

'형이상학적인 악'은 보다 우주적인 차원에서 선과 악의 충돌에 관한 것이다. 이것은 신화의 가장 풍부한 자료이다. 신화에서 인간은 어떻게 악이 시작되었는지, 이 세계가 창조될 수 있었던 최선의 것이었는지, 그리고 하느님이 왜 고통을 허용하는 것처럼 보이는지를 파악하려 노력한다. 아담과 하와, 에덴동산, 그리고 타락 이야기는 어쩌면 가장 커다란 질문을 설명하기 위해 간단한 이야기를 사용한 가장 심오한 신화일 것이다. 그러나 이런 유형의 악에 대한 설명은 이제 우리가 보게 될 또 다른 범주의 악에 대한 질문에는 답해 주지 않는다.

현재 호주 인구의 대부분은 가장 긴 가뭄으로 알려진 상태에서 살고 있다. 강이 바싹 말라 갈라지고, 소와 양이 도살되어야만 하고, 몇 세대 동안 농장을 운영하던 사람들이 농장을 떠나는 것을 보는 것은 가슴 아픈 일이다. 가뭄 동안에 자살률이 증가했고, 이혼율도 상승했다. 사람들이 일을 찾아서, 살던 지역을 떠나면 작은 마을과 지역 사회는 붕괴되고 일부는 죽어 간다. 악은 가뭄의 부수적인 결과를 묘사하는 큰 단어이다. 하지만 직접적으로 가뭄을 겪어 보지 않은 사람들은 가뭄을 악이라 부르는 것을 지나치게 극적이라고 생각할 것이다.

가뭄에 대해 내가 제기하는 문제는 가뭄에 대한 종교 지도자들의 반응에 있다. 수년 동안 호주의 거의 모든 교회에서 우리는 '비를 위한 기도'를 드리고 있다. 가뭄이 극심한 교구의 주교님은 주교좌성당에서 '비를 위한 미사'까지 봉헌한다. 어떤 수준에서 하느님이 우리 삶의 모든 부분에 들어오기를 원하고, 우리의 기쁨과 희망, 슬픔과 불안 속에서 하느님이 우리와 연대하기를 우리가 바라는 것이라고 상징적으로 진술하면, 전적으로 이것은 적절하다. 심지어 가뭄 속에서도 우리에게 무엇이 필요한지 당신께 알려 주기를 하느님은 원하신다. 이 경우는 가슴으로 울부짖는 것이며, 그것은 종교적 공동체의 고통이 집단적으로 표현되는 비탄의 전례가 될 수 있다. 내 염려는 종교 지도자들이 거의 이런 용어를 사용해서 표현하지 않기 때문에 생기고, 가뭄 그 자체에서 하느님이 취하시는 역할에 대해 더 많은 의문을 제기한다.

주교님이 가뭄에 대한 강론을 시작했을 때 나는

그 대성당에서 미사 중이었다. 주교님은 어려움에 처한 당신 땅의 백성들에게 멋지게 공감했다. 그런데 주교님이 다음과 같이 말했다. "우리는 하느님께서 왜 우리에게 가뭄을 보냈는지 전혀 모릅니다. 그러나 우리는 하느님께 비를 내려 달라 간청해야만 하고, 하느님의 돌보심에 합당한 삶을 살아야만 합니다." 나는 물리적인 악과 도덕적인 악이 만났음을 알 수 있었다. 나는 이 선한 분이 우리의 삶과 날씨를 연결시키는 것에 깜짝 놀랐다. 지금 비를 보내지 않고 보류하면서 하느님이 우리에게 무엇인가를 가르치고 계신다는 것을 제외하면, 주교님의 신학은 창세기 6-9장의 노아 이야기로부터 아주 멀리 떨어져 있는 것 같지 않았다.

성경(구약과 신약)과 교회의 전통 둘 다 비가 올 때와 심지어 오지 않을 때조차도 특별한 의도를 갖고 계속적으로 기도하기를 촉구한다(야고 5,17-18). 문제는 이런 생각이 하느님의 의지와 변덕에 따라 하늘의 문을 열고 닫음으로써 비가 내린다고 생각했던 과학 이전의 사람들에게서 나타난 것이라는 것이다. '과학과 신앙 사이의 대화'는 우리가 기도하는 방식에도 영향을 주어야만 한다.

특히 주교님이 말한 문장의 첫 부분에 문제가 있었다. 주교님은 분명히 전통적이지만 부적절한 입장을 말한 것은 아니었다. "우리는 하느님께서 왜 이런 종류의 파괴적인 가뭄이 일어날 수 있는 세계를 창조하셨는지 전혀 알지 못합니다." 그는 더 나아갔고, 다른 많은 사람들도 마찬가지였다. 하늘에 앉아 계신 하느님이 적극적으로 호주에 가뭄을 보내고 있다는 생각이 나를 불안하게 만들었다. 우리는 언제나 하느님께 하늘에 있는 위대한 기상학자 meteorologist의 배역을 맡긴다. 특히 결혼을 앞둔 신부들이 그렇게 한다. 셀 수 없을 정도로 많은 신부들이 자신의 결혼식 행사를 위해 좋은 날씨가 되도록 기도해 달라고 얼마나 내게 부탁을 했었는지, 나는 잊어 버렸다. 물론 손님들의 편안함과 결혼식 사진을 찍는 사진작가를 위해서는 화창한 날이 좋다. 하지만 결혼식이나 다른 어떤 중요한 날에 우박이나 비가 오거나 맑은 것은 조금도 문제가 되지 않으며, 하느님께서는 걱정하실 만한 더 큰 문제를 갖고 있다고 생각한다. 적어도 나는 그렇게 기대한다. 이제 내 불안은 두 배가 되었다. 그리스도교는 정령 숭배 종교들에 대해 비판적이었다. 정령 숭배 종교는 날씨와 관련된 자연의 신들을 달래기 위한 정교한 의식儀式을 행했다. 할리우드 영화에서 "비를 보내 주세요, 비를 보내 주세요, 비를 보내 주세요!"라고 신에게 요청을 하면서 토템 기둥 주위를 춤추며 도는 아메리카 인디언인 치누크Chinook 샤먼이 추는 진부한 춤과 대성당에서 '비를 위한 미사'를 봉헌하는 주교님 사이에서 나는 어떤 차이도 볼 수 없었다. 두 상황에 같은 신학이 작동할 수 있다. 우리가 열심히 충분하게 또는 오랫동안 충분하게 기도하거나 우리의 삶을 변화시킨다면 하느님은 우리를 측은히 생각하셔서 필요한 비를 내려 주실 것이다. 내가 제기하는 문제는 이것이다. 왜 우리는 하느님이 하늘에서 무엇을 하신다고 생각하는가? 하늘에 앉아 계신 하느님이 "아니, 비를 보내지 않을 거야, 그러니 그곳을 떠나라, 아니면 거기서 바싹 말라 죽어라."라고 말씀하시는가? 확실히 아니다! 가뭄에도 불구하고 강해질 수 있도록 하느님께 간구하는 미사를 위해 우리가 모일 수 있다는 것을 나는 받아들인다. 가톨릭교회는 모든 절망적인 경우에 미사를 봉헌한다. 이 미사들은 이미 우리 앞에 현존하시고, 우리에게 필요한 것을 알아채시고, 우리와 함께 울고 계시는 동일한 하느님께 필요한 것을 부르짖기 위해 우리가 모인 곳에서 드리는 비탄의 전례로 쉽게 요구할 수 있다. 이와 관련하여 시편 작가들은 무엇인가 강력한 영향력을 지니고 있다.

우리가 물과 지구와 환경을 위해 기도를 할 수 있고, 또 해야만 한다는 것을 분명히 하자. 만일 진정으로 인간의 생명을 수호한다면 우리 행성 지구의 생명도 수호해야만 한다는 것을 우리는 피할 수 없다. 심지어 창조의 가장 좋은 청지기가 되기 위해 은총을 요청하는 미사를 우리는 봉헌할 수 있다. 그러나 이것은 '비를 위한 미사'와는 동떨어져 있다. 이것은 또 다른 중요한 점을 제기한다. 즉 청원 기도에 들어갈 때 우리가 무엇을 하고 있다고 생각하는가? 기도는 하느님을 변화시키는가, 우리를 변화시키는가, 아니면 둘 다 변화시키는가? 2004년 12월 26일 아침, 인도양에 리히터 규모 9.1-9.3의 두 개의 해저 지진이 발생했다. 그 지진은 인도네시아,

스리랑카, 인도 및 태국의 주변 해안선으로 쓰나미를 보냈다. 그날 거의 28만 3천 100명의 사람이 사망한 것으로 추정된다. 그날 밤 호주 라디오 방송에서 그날의 끔찍한 사건에 대한 청취자의 반응과 관련하여 통화를 하는 쇼가 있었다. 전화를 건 거의 모든 사람이 충격을 받았다고 했고, 공감을 나타냈다. 많은 사람들이 구호 활동을 지원하기 위해 그들이 할 수 있는 일을 하겠다고 맹세했다. 그런데 '그리스도교 설교자'라고 주장하는 어떤 사람이 다음과 같이 말하는 것을 나는 들었다. "자 이제 여러분은 이슬람교도들이 오고 있다는 것을 깨달아야만 합니다. 하느님께서 당신 백성을 지켜 주실 것이라고 말씀하셨을 때 바로 이것을 의미한 것임을 깨달아야만 합니다." 이것은 하느님이 9·11 테러를 죄에 대한 벌로 보내셨고, 미국이 그리스도에게로 돌아갈 것을 촉구하기 위한 것이라고 주장하는 끔찍한 신학과 같은 종류의 것이다. 그 설교자의 주장이 가치가 있어서라기보다 심각하게 받아들인다면, 스리랑카의 일부에서 그날 쓰나미에 휩쓸려 죽은 사람의 대부분이 주로 그리스도인이라는 사실에 그가 어떻게 대처할지 우리는 의심해야만 한다. 수만 명의 가난한 희생자들이 하느님의 잔인한 보복 행위로 부수적인 피해를 입은 것처럼 보인다.

그래서 우리 아이들이 "왜 쓰나미가 일어났나요?"라고 물을 때 그들에게 간단한 지구 물리학적인 진실을 이야기해 주는 것이 최선이라고 나는 생각한다. "지구의 지층이 움직였기 때문에 커다란 파도가 일어났단다." 만일 그 이야기를 조금 더 자세하게 설명하고 싶다면 그날 그렇게 수많은 사람이 죽은 이유 중 하나를 이야기해 줄 수 있다. 인도양 연안의 가난한 나라들이 부유한 나라들에게 쓰나미의 조기 경보 시스템 구축을 요청했지만, 그것은 구축되지 않았다. 그 시스템이 설치되었다면 아마도 어느 정도의 인명 손실은 불가피했겠지만, 지진과 해안 지대에 도달한 쓰나미 사이의 지연된 몇 시간 동안 집단 대피를 할 수 있었고, 많은 생명을 구할 수 있었을 것이다. 이제 이 나라들은 그런 체제를 갖추고 있다.

그리고 가뭄의 이유는 무엇인가? 선한 주교님에게 경의를 표하면서, 구걸하는 것 같은 기도가 늘어날 수 있도록 하기 위하여 또는 행동을 깨끗하게 하도록 가르치기 위하여 하느님이 적극적으로 가뭄을 보내신다고 믿지 않는다. 이와는 대조적으로, 지구의 기후는 지금까지 측정할 만한 도구나 읽을 만한 기록들을 우리가 갖고 있지 못했던 장기적인 순환 패턴이 있다고 생각한다. 그것은 우리가 통제할 수 없는 태양의 불꽃 때문일 수 있다. 또한 몇몇 국가에서 잘못된 농작물을 재배하면서 부적당한 지역에 거주했고, 지역적으로 그리고 지구적으로 지구의 좋은 청지기가 되지 못했다. 최악의 시나리오는 이러한 요인들의 조합이다. 어쨌든 이제 우리는 지구가 우리가 생각했던 것보다 훨씬 더 연약하고 균형이 잘 잡혀 있고 정교하게 조율되어 있다는 것을 알게 되었다. 지구는 내내 진화하고 있었고, 지금 문자 그대로 출산하는 행위로 신음하고 있다. 그렇다면 위태로운 이 행성 지구가 하느님이 창조하실 수 있는 최고의 것이었는가? 우리는 모른다. 그것은 단지 우리가 돌보는 세계의 미래를 위해 우리 자신을 모든 살아 있는 것들과 협력해야 하는 창조된 질서의 일부로 볼 수 있도록 매일 우리에게 도전한다.

심지어 날씨와 기후에 관련해서 어리석은 일을 행한 결과가 앞에서 우리를 빤히 쳐다보고 있을 때조차 더 나은 결정을 하지 않는 우리에게, 그 욕심과 탐욕의 결과를 우리와 함께하시고 우리를 인도하시는 하느님은 가르쳐 주신다.

이렇게 내 결혼식을 위해 비가 오지 않게 해 달라거나 좋은 날이 되게 해 달라고 기도하지 않는다면 도대체 내가 왜 기도를 해야 하는가?

나는 많은 그리스도교 신자가 실제로 하느님과 예수 그리스도의 아버지께 기도를 하는 것이 아니라 제우스에게 기도한다고 생각한다. 그들이 그리스의 이교異敎 신에게 기도한다는 뜻이 아니다. 기도에 대한 몇몇 사람의 접근 방식이 올림포스산에 거주하는 기상학자였던 제우스와 비슷한 신을 그들이 믿고 있다는 그런 결론을 내리게 한다. 그리스 신화에서, 제우스는 하늘과 천둥을 맡았고 모든 신의 왕이었으며 신들의 집인 올림포스의 통치자이다. 제우스는 아무하고나 잘 지내는 쉬운 신이 아니었다. 그는 사랑스럽고 친절하기도 했지만, 변덕스럽고 예측할 수 없기로 유명했다. 분노가 일어나면 그는 색다른 다양한 방법으로 인간들을 죽이고, 불구자로 만들고, 처벌하고, 다른 신들에게 넘겨주어 치명적인 고문을 했다. 제우스와의 삶은 예측할 수 없었다. 하찮은 신들과 죽을 수밖에 없는 인간들이 빠르게 배우는 교훈 중 하나는 만일 잘 살기를 원한다면 제우스에게 잘 보여야만 한다는 것이었다. 모든 그리스 신에게 바치는 것처럼 희생과 기도가 일반적인 제물이었다. 그러나 제우스의 경우, 엄청나게 비싼 소가 도살되어 제공되었다. 희생의 체계와 기도의 길이는 제우스가 청원자의 소원을 듣고 마음을 바꾸고, 그 또는 그녀에게 부드럽게 대해 주길 원했던 정도와 관련된 것으로 보인다. 비극적으로, 사람들이 가장 위대한 이 신을 충족시키기 위한 희생 제물로 인간을 동원했다는 몇몇 고고학적 증거가 있다.

   정확하게 교회의 초기부터 우리 하느님은 이전의 신들과는 달랐고, 제우스와도 달랐다. 유대교의 토대 위에서 우리는 다음과 같이 선언한다.

- 하느님은 한 분이시다.

- 하느님은 영원하시다, 결코 사라지지 않으신다.
- 하느님은 불변不變이시다, 변하지 않으신다.
- 하느님은 스스로 현존現存하신다, 다른 존재에 의해 야기된 것이 아니라 제일 원인이시다.
- 하느님은 초월자시다, 우리는 하느님과 유사하게 만들어졌지만, 하느님은 우리와 유사하지 않다.
- 하느님은 전능하시다, 무엇이든 하실 수 있다.
- 하느님은 편재遍在하신다, 어디에나 존재하신다.
- 하느님은 전지全知하시다, 모든 것을 아신다.
- 하느님은 거룩하시다, 사랑 속에 완전하시다.

하느님의 불변성immutability이라는 전통적인 그리스도교 교리는 하느님이 본질적으로 변하지 않는다고 주장한다. 그런데 어떤 사람들이 하느님에 대해 이야기할 때 하느님은 전능하시기 때문에 당신이 원할 경우에 변하실 수 있다고 그들이 생각하고 있다는 인상을 받는다. 불변성이라는 하느님의 본성은 하느님과 우리의 관계 그리고 우리의 온전한 정신을 위해 필수적이다. 이것은 청원 기도에 영향을 미친다.

나는 우리의 기도가 시편의 범주를 따르는 경향이 있음을 염두에 두고 청원 기도를 선택한다. 하느님께 무엇인가를 요청하는 것과는 별도로, 우리의 기도는 우리 상황을 슬퍼할 수도 있고, 괴로워서 울부짖을 수도 있다. 우리의 기도는 감사와 찬양일 수도 있고, 우리의 신뢰와 믿음을 맹세할 수도 있고, 우리의 구원을 노래할 수도 있고, 단순하게 하느님의 현존을 기다릴 수도 있다.

그러나 가장 흔한 형태의 하느님께 대한 인간의 태도는 어딘가에 있는 누군가에게 일어날 어떤 일을 요청하는 것임을 인정해야만 한다. 나는 세상의 모든 희생과 기도가 하느님을 변화시킬 수 없다고 믿는다. 왜냐하면 그것이 하느님께서 원하시는 방식이기 때문이다.

그렇다면 우리의 청원 기도는 무엇을 하는 것인가? 왜 변하지 않는 하느님께 기도를 해서 귀찮게 하는 것일까? 우리는 기도할 때 우리의 거룩하고 사랑 깊고 변하지 않는 하느님께 우리를 변화시켜 세상을 변화시킬 수 있게 해 달라고 요청하는 것이다. 제우스와 달리, 진정한 그리스도교의 하느님은 오늘 나쁜 기분으로 깨어날 수 없고, 예측할 수 없지도 않다. 변하기 쉬운 인간과 지속적으로 사랑 깊은 관계를 갖는다는 것은 거의 불가능하다. 그래서 하느님을 무작위적으로(고전적인 의미에서) 또는 불규칙적으로 특징짓게 되면 하느님과 우리의 관계는 얼마나 더 곤란해질까? 이 세상을 위한 하느님의 말씀이었던 예수님은 강했고 항구적이었다. 야고보 사도는 하느님의 본질에 관해서 다음과 같이 말한다. "온갖 좋은 선물과 모든 완전한 은사는 위에서 옵니다. 빛의 아버지에게서 내려오는 것입니다. 그분께는 변화도 없고 변동에 따른 그림자도 없습니다."(야고 1,17)

우리의 신앙생활과 기도에서 이것은 큰 위안이다. 우리는 적어도 이 생生에서 하느님의 정당한 분노를 염려할 필요가 없다. 하느님이 우리를 죽이고, 불구가 되게 하고, 처벌하거나 고문하는 것을 걱정할 필요가 없다. 그러나 어떤 사람은 하느님에 관해 이야기하고, 어떤 사람은 어떻게 기도하는지 배운다고 생각함으로써 용서받을 수 있다. 기도는 하느님이 비를 보내기를 원하지 않으실 때 하느님의 마음을 바꾸기 위해 무엇을 해야 하는지 물어보거나 말하는 것처럼 보인다. 나는 우리 삶에서 기도의 역할을 진지하게 받아들여 우리가 누구를 위하여 기도를 하는지, 그 만남으로부터 기대할 수 있는 것이 무엇인지 확실히 알기를 바란다. 우리의 기도로 하느님이 변하실 수 없다면 우리가 변할 수 있고 변해야만 한다.

  그리스도교 신학에서 우리는 이 세계의 이익과 구원을 위해 예수님 안에서 그리고 예수님을 통해 당신을 쏟아부으신 하느님을 이야기한다. 케노시스Kenosis는 이런 하느님의 행위와 활동을 묘사하는 멋진 그리스어 단어이다. 하느님은 우리를 사랑하시고, 매 순간 우리를 구원하신다. 이와 관련하여 하느님은 더 이상 무엇을 하실 수 없다. 노력하지 않고 거저 얻은 이 과분한 선물에 응답하는 것은 우리의 책임이고, 그것은 기도하는 것이다. 기도는 하느님의 놀라운 은총으로 우리가 변화하고, 형성되고, 만들어지고, 치유되고, 고취되도록 우리를 초대한다. 이것은 우리의 개인적인 기도뿐만 아니라 공동체의 기도에서도 일어난다. 전례는 모든 형식과 양식 안에서, 변하실 수 있는 하느님께 특별한 지점에서 변화되시기를 요구하는 힘에 관한 것이 아니다. 그것은 정치적 집회일 것이다. 아니, 전례는 개인적인 기도를 교회 공동체의 기도와 전 세계의 기도와 함께 연결시켜 우리가 변화하도록 하느님께 요청하는 것이다. 그래서 우리는 하느님의 사랑 깊은 얼굴을 더 많이 반영하여 세상을 변화시킬 수 있다.

그런데 하느님이 자연을 변화시킬 수 없거나 변화시키지 않지만 인간의 마음을 변화시킬 수 있다고 내가 주장하는 것이 이상하게 보일 수 있다. 그러나 나는 변화하기를 원하지 않는 인간의 마음을 하느님이 변화시킬 수 있다고는 믿지 않는다. 은총은 본성을 기반으로 한다. 은총은 본성을 제거하지 않는다. 우리는 하느님의 은총에 의해 변화되도록 매혹되는 것이지 강요받는 것은 아니다. 우리의 자유가 하느님이 주신 가장 위대하고 위험한 선물임을 우리가 알기 위해, 어떻게 선한 사람들이 끔찍한 선택을 하고 악한 사람들이 악한 일을 행하는지에 대한 충분한 사례가 있다.

혹시 교회 공동체가 누구에게 기도하고 있는지, 그리고 그들이 기도에 대해 무슨 생각을 하는지 알고 싶다면 충실한 신자들의 기도와 '중재 기도'[10]에 귀를 기울여라. 대부분의 기도는 우리를 곤란에서 벗어나게 할 수 있는 방식으로 무엇인가를 해 달라고 하느님께 요청한다. "하느님, 가난한 자를 일으키시고, 평화를 주시고, 굶주린 자에게 먹을 것을 주십시오." 이런 모든 일이 일어나기를 하느님이 원하신다는 것을 우리는 안다. 그리고 때로는 우리가 물을 선물로 간주해서 가난한 사람들과 공유하고, 평화를 누리는 것과 같은 방식으로 하느님의 은총은 우리를 통해서 이어지기도 하고 끊어지기도 한다. 그러므로 우리의 의도를 말할 때 조심하자. 온전한 신학은 하느님은 변함이 없으시며 우리가 이야기하기 전에 우리의 필요를 아신다는 것을 인정한다. 하느님은 우리가 세상을 변화시킬 수 있는 하느님의

---

10 중재 기도bidding prayer는 전체 교회나 국가 또는 남을 위한 기도이다. 즉 자신을 위한 기도가 아니라 남을 위해 하는 기도이다.

능력을 요청하고 있다는 것을 기뻐하신다. 이전의 기상학적 사례로 돌아가서, 하느님께 비를 내려 주시기를 기도해야 한다고 생각하지는 않지만, 무릎을 꿇고 아침·정오·밤에 물을 위한 기도를 드려야만 한다고 나는 확실히 생각한다.

"사랑하는 하느님, 물이 얼마나 소중한 선물인지 알 수 있는 이 메마른 땅에서 우리가 물을 어떻게 낭비하고 있는지 마음 챙김 할 수 있도록 도와주세요. 우리가 겪고 있는 가뭄 때문에 물을 보존할 수 있도록 우리를 도와주세요. 또는 가뭄이 가까이 있을지도 모른다는 것을 알게 해 주세요. 우리에게 필요한 물뿐만 아니라 대부분 시간을 물을 마시지 못하는 사람들과 나눌 수 있기에 충분한 물을 갖기를 우리는 원합니다. 우리 주님께 기도드립니다!"

교황 베네딕토 16세는 그의 첫 회칙에서 다음과 같이 말했다. "사랑의 활동에 참여하는 많은 그리스도인들 사이에 증대하는 세속주의와 행동주의에 직면하여, 기도의 중요성을 다시 확인하여야 할 때입니다. 분명히, 기도하는 그리스도인은 하느님의 계획을 바꿀 수 있다거나 하느님께서 예견하신 일을 고칠 수 있다고 주장하지 않습니다. 오히려 그리스도인은 예수 그리스도의 아버지 하느님과 만나고자 하며, 자신과 자신이 하는 일에 성령의 위로와 함께 하느님의 현존을 간청합니다."(「하느님은 사랑이십니다」 37항)

  하느님의 백성들은 "아멘"이라고 응답할 것이다.

04

우리는 하느님의 사랑에
응답하도록 초대받았지,
사랑을 강요받거나
사랑으로 프로그램된
것이 아니다

하느님의 뜻은 작은 것보다는

더 큰 그림에 있다.

나는 하느님의 뜻을 열정적으로 믿는다. 하느님의 뜻은 단지 세부 사항보다는 더 큰 상황에서 발견된다. 나는 하느님이 커다란 그림같이 위대하다고 생각한다. 이제 설명해 보자.

나는 모든 교육을 가톨릭계 학교에서 받았다. 우리는 하느님의 뜻을 알기 위해 많은 기도를 하곤 했다. 성직이나 수도 생활의 부르심(소명)을 받았는지 묻기 위해 성소 담당자가 나타났을 때 특히 그랬다. 이 시기에 몇몇 사람은 열심히 기도했다. "하느님 제발 저를 사제로 부르지 마세요." "저를 수녀가 되도록 하지 마세요." "제발 저를 수사로 보내지 마세요." 처음 하느님이 당신을 부를 때 부르심의 길을 보여 주신다. 당신이 그 부르심을 듣거나 느낀다면 당신은 그 부르심에 응답해야만 한다. 그렇지 않으면 하느님은 매우 화가 나실 것이고, 당신은 매우 불행해질 것이다. 왜냐하면 당신이 인생에서 다른 무엇을 선택하든 간에, 하느님이 원래 그것을 하라고 부르신 것이 아니기 때문이다. 가톨릭계에서는 이런 종류의 생각이 거의 독점적으로 교회 내에서 서품敍品을 받는 사제직이나 서원誓願을 하는 수도 생활에 적용되었다. 흥미롭게도 그것은 미혼이나 결혼이라는 소명에는 결코 적용되지 않았다.

어떻게 하느님의 부르심vocation이 작동하는지에 대한 이 생각은 매우 제한적이다. 응답자는 응답에 많은 자유가 없는 것처럼 보인다. 그들은 부르심을 받았다. 그들이 그것을 좋아하든 싫어하든 그것으로 끝이다. 나는 이 패러다임에서 벗어난 사제들과 종교인들을 만났다고 생각한다. 그들은 부르심에 응답함으로써 하느님께 큰 은총을 받았다고 여겼지만, 그 후 계속 몹시 불행한 것처럼 보였다. 그러나 하느님이 그들을 부르신 후 과연 그들이 무엇을 할 수 있었을까? 불행하게도 그들이 사목을 했던 셀 수 없을 정도의 많은 어린이와 어른들과 그들이 살았던 곳의 가난한 사제와 동료 종교인들에게 그들은 그들의 불행을 투사投射했다. 그들은 정말 어딘가 다른 곳으로 가서, 무엇인가 다른 일을 하고, 어떤 다른 사람이 되고 싶었다. 원하지 않았던 자신의 부르심을 파괴함으로써 분노를 터뜨리는 것을 보았을 때 나는 그들이 그렇게 해야만 했다고 생각했다.

심층 무의식에서 당신은 배우자와 결혼하거나 일생 동안 독신으로 살거나 수녀, 수사 또는 사제가 되는 것을 원한다. 예수회를 설립한 로욜라의 이냐시오 성인St. Ignatius Loyola은 "하느님께서는 우리의 욕망 안에서 그 욕망을 통해 그리고 그 욕망을 정화시키기 위해 일하신다."고 말하는 것을 아주 좋아했다. 식별한 부르심을 실제로 원하지 않는다면 우리는 비참해질 것이다. 하느님이 그 사실을 어떻게 기뻐하시는지, 또는 최선의 선택을 한 것에 우리가 어떻게 만족할 수 있는지 나는 알 수 없다. 놀랍게도 자신의 부르심을 원했던 적이 전혀 없으며 결코 그것을 선택하지 않았다고 말하는 몇몇 뛰어난 종교인과 사제들도 만났다. 그러나 실제로 그들의 사목은 그들이 그 사목에 탁월하다는 것을 증명했다. 어떤 복잡한 이유에서든 모든 면에서 그들에게 경의를 표하면서 나는 그들이 자기 자신에게 실망하고 있을지도 모르지만 그들은 심층 무의식에서 수도자나 사제가 되고 싶었다고 나는 생각한다. 그들은 그들의 길을 선택했다.

성모 영보annunciation 이야기에서도 마리아는 천사에게 '예'라고 말할 필요가 없었다. 원죄 없이 잉태immaculate conception되신 은총에도 불구하고 마리아에게 '아니오!'라고 말할 수 있는 힘과 자유가 없었다면 그녀의 '예'는 의미가 없다. 마리아는 하느님의 희생자였을 것이다. '예'로서 자신의 모든 것을 바쳤더라도 마리아는 하느님과 협력하는 우리를 위한 모델이 아닐 것이다. 은총에 대한 우리의 '예'도 때때로 그와 같다.

같은 맥락에서, 신부와 신랑이 자유롭게 의식하고 서로를 선택하지 않았다면 교회는 그 결혼이 무효라고 말한다. 우리가 선택할 수 있다는 것을 알고 선택할 수 있는 자유를 행사하는 것은 혼인성사에도 필수적이다. 이 부름에 적합한 것은 삶에서의 모든 소명calling에도 적합하다. 그것은 쉽지 않을 수도 있다. 우리는 그것과 싸울지도 모른다. 그러나 현실은 우리가 그것을 선택해야만 한다는 것이다. 우리가 정말로 원하는 것, 우리가 욕망하는 것을 식별하는 과정에서 우리는 하느님의 뜻을 발견한다. 만일 우리가 다른 대안을 강요당하거나 두려워한다면, 그리고 실제로 대안이 없다면 우리는 자유롭고 빈틈없는 선택을 하지 못할 것이고 타협해서 응답할 수 있다.

그러므로 어떤 수준에서 하느님은 내가 예수회 수사이든 사제이든 상관하지 않는다고 나는 생각한다. 하느님은 내가 믿음과 희망과 사랑이라는 향주삼덕(대신덕, Theological Virtues)을 살아가기를 원하신다고 생각한다(1코린 13장 참조). 덧붙여 하느님은 우리 모두가 사랑 · 기쁨 · 평화 · 인내 · 호의 · 선의 · 성실 · 온유 · 절제(갈라 5,22 참조)와 같은 성령의 열매를 맺기를 바라신다. 이 부르심은 단지 나만을 위한 것이 아니라 모든 곳에 있는 하느님의 모든 자녀를 위한 것이다. 다시 말하면 하느님에 대한 우리 신앙의 피할 수 없는 차원은 정의를 위해 일하는 것이다. 모든 사람이 충실하고 희망적이고 사랑하라는 그들의 소명에 합당한 삶을 살 수 있는 잠재력을 실현할 수 있는 공동체를 창조함으로써, 우리는 현세뿐만 아니라 내세에서도 하느님 나라를 이룩하리라는 것을 깨달을 수 있다. 나의 삶만을 위한 그런 하느님 나라의 청사진은 없다. 비록 그것이 어렵고 벅차고 희생적인 일을 해야만 하는 경우일지라도 시간과 장소라는 축복을 통해, 자연과 은총이라는 선물을 통해 가능한 가장 최선의 방법으로 내 잠재력을 실현하기 위해 나는 하느님과 함께 일한다. 이 응답은 두려움과 강요에서 비롯된 것이 아니라 사랑과 희망에서 온다.

각 개인의 삶의 청사진, 실로 모든 살아 있는 것의 청사진으로서 하느님의 뜻을 지지하는 사람들이 거쳐야 하는 가장 큰 시험은 우리 대부분의 삶에서 발견되지 않고, 가난한 사람들 중에서도 가장 가난한 사람들의 삶에서 발견된다. 하느님의 은총으로 삶에서 내가 선택할 수 있는 것에 대한 불안감이 무엇이든, 태어난 지 몇 시간 후 영양실조로 사망하는 아이는 어떻게 되는가? 또는 일부 국가에서 합법적으로 낙태되는 28주 된 태아는 어떻게 되는가? 이 목록은 계속될 수 있다. 이런 비극적인 상황들 중 어떤 것이 우리 자매와 형제들을 위한 하느님의 적극적이고 특별한 뜻인가?

좀 더 평범한 수준에서 간신히 사고를 모면한 사람들이 이렇게 말하는 것을 우리는 듣는다. "그 불행이 나에게도 덮칠 수 있었는데, 하느님의 은총으로…." 다시 말하면, 이번에 내가 연루된 것은 하느님의 뜻이 아니라는 것이다. 그러나 이것에 대해 내가 말하려는 문제는 누군가가 사고를 피한 것에 대한 것이 아니라, 사고를 당한 불행한 사람들에 대해 우리가 말하는 것이다. 그것은 그들이 재난에 연루된 것이 하느님의 뜻이라고 말하는 것처럼 보인다. 어느 날 오후 차에 치일 뻔했던 예수회의 노인 사제 이야기가 기억난다. 그날 밤, 예수회 공동체에서 위기일발의 그 이야기를 자세히 하면서, 아이러니나 통찰이 없이 그는 다음과 같이 승리의 이야기를 끝맺었다. "하느님의 은총이 아니었다면 나는 오늘 밤 천국에 있었을 거야."

따라서 하느님의 본성을 상상하는 방식에 따라, 우리는 하느님의 뜻을 짐작할 수 있다. 우리가 제우스를 믿는다면 계속 그를 우리 편으로 유지하기 위해 모든 일을 해야만 한다. 더욱이 하느님을 1장에서 말했던 신성한 폭군으로 간주한다면, 그 폭군의 뜻을 우리가 행하지 않으면 현세뿐만 아니라 내세에서도 우리는 슬픔으로 끝날 것이다. 그는 모든 것을 알고 있다. 심지어 알 수 없는 것조차 알고 있다. 그래서 우리가 해야 할 일은 그가 우리의 미래에 대해 알고 있는 것을 찾아내서 그것을 행하는 것이다.

자전거에서 떨어져서 쇄골이 부러진 예수회 사제의 이야기에도 이 신학이 작동한다. 뼈는 핀으로 고정이 필요했고 수술 준비를 하고 있을 때 수녀님 한 분이 그에게 성체를 모셔 왔다. 성체를 영해 준 후 수녀님이 "신부님, 바쁜 일상을 멈추고 편안한 휴식을 취하는 것은 분명히 하느님의 뜻입니다."라고 말했다. 그 예수회 사제가 대답했다. "만일 그것이 사실이라면 수녀님, 하느님께서 내게 안식년이 필요하다고 생각하지 않으셨다는 것을 기쁘게 생각합니다."

큰 그림 안에 하느님의 뜻을 믿음과 희망과 사랑으로 표시하고, 내가 하느님과 함께 그 세부 사항을 연구해야 한다고 생각하면 식별이라는 과제가 저절로 생겨난다. 영성 수련과 편지 및 다른 저술들에서 식별에 대해 발췌한 이냐시오 성인의 영원한 지혜를 현대적으로 해석하면 다음 열두 가지로 정리할 수 있다.

1. 하잘것없는 것, 평범한 것, 일상적인 것을 신뢰하라. '지금 여기'에서 살아라. 때때로 우리는 치유되지 않은 과거나 알 수 없는 미래에 살지만, 하느님은 바로 지금 여기 우리의 코앞에서 발견할 수 있다. 우리는 그렇게 하는 것을 좋아하지는 않지만, 선한 영은 평범한 삶을 그대로 살라고 우리를 끌어당긴다. 우리는 거기에서 하느님의 현존을 식별한다. 우리는 종종 깜짝 놀랄 만하고 비범한 곳에서 하느님을 찾는다. 하느님은 고요하고 평범한 순간에 발견된다. 하느님은 가난하고 헐벗고 감옥에 갇혀 있고, 배고프고, 목마른 모습으로 우리를 찾아오신다. 우리는 잘못된 위로를 경계할 필요가 있다. "선善은 더 나은 것의 적敵이 될 수 있다." 삶의 고통을 없애 주기는 하지만 그 효과는 일시적일 뿐인 현대 생활의 진정제들(마약·술·성性·노동·도박·기술·쇼핑 등)은 우리 자신의 가장 취약한 부분을 공격하고 유혹한다.

2. 불운할 때 결정을 내리지 마라. 위기가 지나가도록 허락하라. 압박감을 느낄 때 우리는 가끔 최악의 결정을 내린다. 위기를 넘기고 난 후 보다 차분한 환경에서 모든 선택을 숙고하라.

3. '긴급한 것'을 의심하라. 때때로 우리는 큰 결정을 신속하게 내려야만 한다. 시간을 벌기 위해서는 언제나 최선을 다하는 것이 최선의 방책이다. 선한 영은 문제에 대한 관점과 우선순위에 대한 감각을 제공한다. 우리는 특히 인생을 변화시키는 결정을 내릴 때 신중할 필요가 있다. 인생을 변화시키는 그 결정은 평안한 시간에 적절히 그리고 평화롭게 내려져야 한다.

4. 현명하게 지혜로운 충고를 받아들일 만큼 겸손하라. 우리는 우리의 자력自力으로 움직이는 '바위와 섬'이 아니다. 하느님 앞에서 우리의 양심을 고하고 최상의 결정을 내릴 수 있기 위해 우리는 가족과 가장 신뢰하는 친구, 교회, 그리고 때로는 전문가들의 지혜가 필요하다. 순종obedience이라는 단어가 '듣고 있다'라는 의미의 라틴어 'obedire'로부터 왔다는 것을 기억하라. 만일 우리 모두가 이 세계와

삶이 하느님의 통치에 순종하기를 원한다면 우리는 모든 형태의 '듣기'를 보다 잘하는 것이 좋을 것이다. 왜냐하면 하느님이 우리 이야기를 경청하고 들어 주신다고 우리가 믿기 때문이다.

5. 우리의 삶에는 항상 선한 영과 악한 영의 행동 패턴이 있다. 때때로 우리는 무언가가 '어디선지 모르게 갑자기 나타났다.'고 생각한다. 때때로 그렇긴 하지만, 대부분의 경우 우리를 둘러싼 선과 악은 역사와 맥락이 있다. 우리는 선한 영을 육성하고, 악한 영의 공허한 약속과 그것이 어떻게 막다른 골목으로 우리를 인도하는지 볼 수 있게 우리 스스로 선과 악 모두의 표징을 읽을 수 있는 훈련을 해야만 한다. 매일 양심 성찰을 하는 것은 성령의 패턴을 볼 수 있도록 도와준다.

6. 패트릭 오 설리반 Patrick O'Sullivan, SJ은 「Prayer and Relationships: Staying Connected, An Ignatian Perspective」(기도와 관계: 이냐시오의 관점과 연결하여)에서 선한 영과 악한 영에 대하여 정말 잘 정리해 주었다.

악한 영의 표징	선한 영의 표징
신의 가치에 대한 의미 상실 자기 스스로를 싫어하고, 누구에 대해서도 결코 말하지 않는 방식으로 (심지어 말할 때조차) 자신을 생각한다.	자신의 진정한 가치에 대한 의미가 있다. 새로워진 자신감.
희망은 꺾이고, 사라져 버린다. 빛은 꺼진다. 어딘가에 갇혀 있거나, 아무데도 갈 곳이 없거나, 커다란 블랙홀의 원 안으로 끌려 들어가는 느낌이 있다.	희망은 살아 있다. 무엇을 한다 해도, 예수님께서 함께 계심을 믿는다. 진정한 움직임의 느낌이 있다. "이렇게 될 필요는 없다. 나는 그것에 대해 무언가 하고 싶고, 그것에 관해 뭔가 할 수 있다."
슬픔의 감각이 만연해 있다. 부담감을 느낀다. 냉소주의(누구에게서도 어떤 좋은 것을 볼 수 없다) 또는 자기-연민으로 타락한다.	무엇인가가 우리에게서 떠오른다. 보다 가볍고 자유로움을 느낀다. 타인의 필요에 대한 자비로움과 예민함 안에서 성장한다.
불안감을 조성하고 혼란에 빠지게 하는 질문. 끊임없이 곰곰이 사건들을 생각하거나, 어떤 문제를 해결하는 데 우리의 모든 주의를 기울인다. 결과적으로 시작했을 때보다 더 분열되고 활력을 잃어버린다.	명료함과 확신이 수반되는 질문. 예수님과의 관계에 대한 관심을 끌어내고, 문제보다는 관계에 집중한다. 그 문제가 우리에게 어떻게 영향을 미치는지 그분에게 (반복적으로!) 말한다.

쉽게 타인과의 부정적인 상호작용으로 들어가 상호 비난으로 퇴보해 '나는 옳고, 너는 틀리다.' 라는 태도를 취한다. "어떤 사람은 정체성을 확인하는 데서 얻은 상처에 중독되어, 과거의 죽어 버린 관계를 마음속에 품고 있다."	모든 선한 그리스도인은 타인의 진술을 거짓이라고 비난하기 보다는 좋은 해석을 할 준비가 되어 있다고 가정할 필요가 있다. (누구도 진리에 대한 독점권을 갖고 있지 않다.) 상처를 떨쳐 버리고, 기도할 수 있다. "예수님, 당신께서 제가 갖기를 원하는 이 사람에 대한 태도를 제게 주세요."
죄와 실패를 생각하면서, 자신을 나쁘게 생각하고, 거기에 머물러 있다.	죄를 알아차림은 항상 희망을 띠고 있고, 예수님과 타인들과의 관계로 우리를 다시 인도한다.

그는 선한 영과 악한 영의 표징을 깔끔하게 묘사하고, 다음과 같이 결론짓는다. "악한 영의 길은 우리를 관계에서 멀어지게 한다. 선한 영의 길은 우리를 더 깊은 관계로 인도한다. 우리가 주의를 기울이는 것이 우리 삶의 다른 모든 영역을 채색한다. 우리가 부정적인 것에 초점을 맞추면 부정적인 것이 확산될 것이다. 우리가 (생명을 주는) '은총'에 집중하면 은총이 확산될 것이다."

이냐시오의 지혜에 관한 열두 개의 우리 시대의 해석을 계속해 보자.

7. 좋은 결정이나 더 나은 결정도 단지 하나의 결정일 뿐이다. 악한 영은 항상 우리가 덫에 걸려 있고 탈출구가 전혀 없음을 우리에게 확신시키고, 기억을 약화시켜 결코 도움이 되지 않는 파괴적인 행동을 반복하게 한다. 그것은 우리에게 소외감을 느끼게 하고, 우리 상황을 제대로 다루는 데 별 도움이 되지 않는다. 일기는 우리가 자비심과 용기를 가지고 우리 삶과 그 패턴을 검토하는 데 도움을 줄 수 있다. 풍부한 식별을 위해서, 페이지 한쪽에 A를 위한 움직임, B를 위한 움직임, A에 저항하는 움직임, B에 저항하는 움직임의 목록을 우리는 작성할 수 있다. 이 과정은 어떤 목록이 더 긴가에 주목하지 않고, 우리의 감정과 이성이 어디에 치우쳐 있는지에 초점을 맞춘다.

8. 선한 영은 우리를 서로 연결시켜 주고, 어둠 속에 가두어 두는 어떤 것을 털어놓게 하여 우리를 자유롭게 한다. 악한 영은 두려움 속에 우리를 분열시키고 고립시키고 고착시킨다. 우리가 사랑하고

신뢰하는 사람들과 투명한 관계를 가질 때마다 선한 영이 작용한다. 하느님이 우리를 사랑하는 것을 멈출 수 있는, 우리가 행했던 일이나 행하거나 행해야 할 일은 없다. 하느님이 용서해 주실 수 없거나 치유해 주실 수 없는 것은 아무것도 없다. 그러나 우리가 누구이며, 우리가 행한 일이 무엇인지를 털어놓고 고백하는 것으로부터 우리는 시작해야만 한다. 그러면 무엇이든지 모든 것이 가능하다.

9. 성령은 항상 하느님을 믿는 신앙 공동체 안에 현존하신다. 신앙 공동체 안에서 우리가 특별한 선택을 해야 하는 유일한 사람이거나 비슷한 문제에 직면한 첫 번째 사람이 아니라는 사실을 우리는 발견한다.

10. 이성과 감정으로 대화를 하라. 우리는 둘 다 필요하다. 몇몇 신자는 그리스도교 신앙이 모두 지적인 것이라고 생각한다. 신학이 훌륭한 지적 전통을 갖고 있고 명료하게 사고하는 것이 매우 중요하긴 하지만, 지성은 우리의 정서적인 삶과 본능을 알아야 한다. 이성과 감정이 보다 더 통합될 때 가장 위대한 것을 위해 최선을 다할 수 있는 장소에 우리

의 손과 발을 두는 좋은 기회를 가질 수 있다. 우리의 머리는 꿈으로 가득 차 있다. 그들 중 몇몇은 좋은 것이다. 우리의 가슴과 장腸은 욕망을 갖고 있다. 지속되는 것은 무엇인가? 시간의 흐름에 따라 매력을 잃는 것은 무엇인가? 우리의 가장 깊은 욕망은 무엇인가? 우리가 살도록 부름 받은 사랑과 기쁨, 평화, 인내, 호의, 선의, 성실, 온유, 절제는 시험받을 수 있다(갈라 5,22). 이런 표징들이 있다면 그럴 가능성이 있는 것이다. 성령도 마찬가지이다.

11. 하느님 나라의 도래를 위한 어떤 작업도 너무 작거나 부적절하거나 불합리한 것은 없다. 종종 상대적으로 소소하고, 일상적인 친절한 우리 행동이 사물의 영적인 계획에 별로 반영되지 않는다고 생각할 수 있다. 그렇지 않다. 만일 언젠가 우리 세계에 사랑하는 행동보다 악한 행동이 더 많아진다면, 지구는 스스로 살 수 없을 것이다. 단순하고 헌신적인 친절한 행위는 보고되지 않을 수도 있지만, 그것들은 그리스도의 사랑이 우리의 일상생활 세계를 돌파할 수 있게 함으로써 세상을 변화시킨다.

12. 성실은 성령의 위대한 은사 중 하나이다. 반

대와 다른 선택에 직면하더라도 변함없는 성실은 영웅적인 사랑의 행위이다. 그렇긴 하지만 복음은 우리에게 '자아를 죽이라'die고 요청하지 '자기를 살해하라'kill고 요청하지 않는다. 예를 들어 사람이 육체적으로 정서적으로 영적으로 폭력적인 관계를 유지하는 것은 결코 하느님의 뜻이 아니다. 이냐시오는 자신이 식별하려고 하는 문제에 대해 가장 친한 친구에게 조언을 하고 있다고 상상해 보라고 우리에게 권장한다. 당신의 조언은 무엇인가? 아니면 우리의 임종을 상상해 보라. 삶을 재검토하면서 우리가 어떤 선택을 했으면 좋았을까? 바라건대 그들은 가장 사랑스럽고 성실하며 희망적인 사람들이 될 것이다.

사랑에 빠진 상태를 식별하는 것은 예수회의 전 총장이었던 페드로 아루페Pedro Arrupe, SJ의 명언인, 내가 가장 좋아하는 인용문 중 하나로 훌륭하게 요약된다.

"하느님을 찾는 것보다 더 실용적인 것은 없다. 즉 절대적인 마지막 방법으로 사랑에 빠지는 것이다. 당신이 사랑하는 것, 당신의 상상력을 사로잡는 것이 모든 것에 영향을 미칠 것이다. 아침에 침대에서 무엇을 얻을지, 저녁 시간에 무엇을 할 것인지, 주말을 어떻게 보낼지, 무엇을 읽을지, 아는 사람이 누구인지, 무엇이 마음을 아프게 하는지, 그리고 기쁨과 감사로 당신을 놀라게 할 것이 무엇인지 결정할 것이다. 사랑에 빠져라. 사랑 안에 머물러라. 그러면 사랑이 모든 것을 결정할 것이다."

05

하느님이 당신의
유일한 사랑하는 아들을
그렇게 대하셨다면,
나는 아마 그런
하느님은 피할 것이다

하느님은 예수님의 피가 필요 없으셨다.

예수님은 단지 '죽기 위해' 오지 않았지만,

하느님은 죽음의 종말을 공표(公表)하기 위해

예수님의 죽음을 사용하셨다.

죽음과 죽음의 신하들과는 아무 관련 없는 하느님을 우리가 믿을 만한 증거는 많다. 그런데 어떻게 그리스도교 신자가 '하느님께서 고통과 파멸과 죽음을 보내신다.'고 그렇게 강하게 믿고, 그렇게 강하게 다른 사람들에게 말할 수 있는지 놀랍다. 하느님은 우리가 생명과 자유와 기쁨으로 살기를 원하신다.

우리는 노래 부르는 것을 매우 조심해야만 한다. 영적인 노래와 성가들은 단지 시간을 때우기 위해서 또는 행렬에 동참하기 위해서 또는 소음을 내서 청각 장애인에게 압박을 주어 그들을 괴롭히기 위한 전례의 일부가 아니다. 성가에는 신학이 있다. 우리는 신앙을 확언하기 위해 성경 본문이나 그리스도교의 근본 진리를 시적으로 표현하여 노래한다. 이들 본문을 넣어 작사를 하면, 그 곡은 대중적으로 기억하기 쉬워진다. 이것이 왜 그렇게 음악이 강력하고 중요할 뿐만 아니라 위험할 수도 있는가

하는 이유이다.

실례로 잠시 동안 유행했던 영가 '하느님이 선택하신 그 사람'The Man God Chose을 생각해 보자. 문제의 그 사람은 예수님이다. 이 노래는 부르기 매우 쉬웠다. 또한 마음에 드는 민속음악의 곡조를 갖고 있었고, 그 안에 있는 많은 정서는 가치가 있었다. 이 영가의 문제는 성실한 이 작곡가가 자신이 고대의 이단에 대한 현대적인 교의platform를 제공했고, 이제 신자들이 그것을 즐겁게 노래한다는 것을 몰랐다는 것이다. 이 성가는 비잔티움의 테오도투스[11]와 사모사타의 바오로[12]의 저서 중 일부를 현대적으로 해석한 것이었다. 이들은 예수님이 세례를 통해 하느님께 입양되거나 선택되었고, 인간적으로 모범적인 삶 때문에 십자가상에서 예수님이 성자로 확인되었다고 주장했다. 이 입장은 3세기 말에 유죄 판결을 받았다. 하느님은 예수님을 선택하거나 입양하지 않으셨다. 수태된 순간부터 하느님의 말씀과 지혜는 나자렛 예수 안에서 육체를 취했다고 우리는 믿는다.

성가의 내용과 어떤 성가의 한 구절은 대부분

의 답변보다 더 많은 것을 대답한다. 성가 '주 하느님 크시도다'How Great Thou Art는 영어권 세계의 가장 사랑받는 성가에 대한 거의 모든 설문 조사에서 상위 5위 안에 자리 잡고 있다. 이 곡은 1885년 루터교 목사였다가 나중에 의회 의원이 된 스웨덴의 칼 구스타프 보베르그가 쓴 'O Store Gud'(O Great God)를 스튜어트 하인 목사가 영어로 번역해서 개작한 것이다.[13] 하인 목사는 영국의 복음주의 선교

---

11 비잔티움의 테오도투스Theodotus of Byzantium는 역동적 단일신론Dynamic Monarchianism 혹은 양자론Adoptionism을 주장했다. 그는 로고스-그리스도론을 반대하면서, 그리스도의 신성을 부인하고 인성만을 주장했다. 특정한 시간에 예수에게 신적 권능이 갖추어지기는 했지만, 예수는 하느님이 된 적이 없으며, 하느님과 연합된 것은 부활한 후라는 주장이다.

12 사모사타의 바오로(Paul of Samosata, 200-275) 역시 예수에 대해 역동적 단일신론을 지지하고, 양자론을 주장했다. 바오로는 하느님의 신성한 지혜가 예수에게 내재했더라도 오직 신성한 능력으로 존재했을 뿐, 위격으로 나타난 것은 아니라고 했다. 268년 소집된 안티오크 종교회의에서 이단으로 규정되었다.

13 '주 하느님 크시도다'How Great Thou Art는 가톨릭성가의 제목이며, 원래 스웨덴어 제목 'O Store Gud'에 착안했다. 한국 개신교 찬송가는 번역 가사 첫 구절을 따서 '주 하느님 지으신 모든 세계'

사로서 러시아에서 찬송가를 배웠고, 우크라이나에서 선교를 했다. 1939년 그는 영국으로 돌아와, 그 다음 해에 지금 우리가 부르는 성가 '주 하느님 크시도다'의 첫 번째 판을 출판했다. 이 찬송가의 세계적인 명성은 1954년 런던에서 빌리 그래함Billy Graham 목사가 개최했던 국제적인 집회 덕분이다. 집회 동안 계속 이 찬송가를 불렀고, 수백만 청중에게 방송되었다. 이 찬송가는 그래미상을 수상한 엘비스 프레슬리의 1967년 히트 레코드의 타이틀곡이 되었다.

이 찬송가의 프로테스탄트 계도系圖는 중요하다. 우선 작은 역사부터 시작해 보자. 11세기 베네딕토회 수사였던 캔터베리의 성 안셀모[14]는 알렉산드리아의 성 클레멘스[15]의 초기 작업을 바탕으로 '하느님께서 왜 우리와 같은 사람으로 이 세상에 오셨는가?'라는 질문과 씨름을 했다. 안셀모 성인은 자신의 유명한 논문 "왜 하느님께서 사람이 되셨는가"(Cur Deus Homo)에서 예수님이 우리를 대속代贖[16]하기 위해 세상에 오셨다는 이론을 전개했다. 우리는 하느님을 노하게 한 사람들이다. 그러나 우리 모두를 희생하기보다는 하느님은 예수님을 보내서 우리 죄를 위한 보상으로 성부께 예수님의 생명을 바치게 함으로써 우리 죄를 대신하게 하셨다. 예수님은 우리를 자유롭게 하기 위해 하느님이 요구하신 속죄atonement를 지불했다.

이런 사고방식은 많은 경우에 예수님을 그리스

로 알려져 있다(삽입). 이 곡은 1885년 칼 구스타프 보베르그(Carl Gustav. Boberg, 1859-1940)가 1885년 스웨덴 민요곡에 자기가 느낀 경험을 토대로 작사를 해서 만들었다. 처음엔 3절까지만 있었고, 에그렌E.A. Edgren이 편곡했다. 후에 스튜어트 하인Stuart Hine 목사가 1절부터 3절까지는 보베르그의 노랫말을 영어로 번역했고, 4절은 자신이 작시하여 덧붙였다. 하인 목사는 이 가사를 쓸 때 그냥 막연한 영감으로 쓴 것이 아니라, 1절부터 4절까지 각각 다른 지역에서 만난 아주 절박한 실존적 상황에서 썼다고 한다.

14 성 안셀모(St. Anselm of Canterbury, 1033-1109)는 하느님을 존재론적으로 증명한 학자 주교이다. 이성의 도움을 빌어 신앙의 진리를 분석하고 밝히려는 시도를 했기 때문에 '스콜라 철학의 아버지'라는 칭호를 받았다.

15 성 클레멘스(St. Clement of Alexandria, 150-215년경)는 플라톤의 철학을 신학에 통합시켜, 이성과 신앙 사이에 모순되는 점이 없다는 것을 가르쳤다.

16 대속代贖이란 예수님이 십자가의 성혈聖血로 인류의 죄를 대신 씻어 구원한 것이다.

도, 우리의 구세주라고 부르는 성 바오로에게 크게 의존한다. 구속救贖이라는 단어는 문자 그대로 '다시 되사는 것'을 의미한다. 이것은 두 종류의 노예가 있었던 고대 세계의 풍습에서 유래한 것이다. 고대 세계에서 노예는 첫째, 일반적으로 노예로 태어나거나 강제로 노예가 되어 평생 노예 상태에 있는 종류의 사람들과 둘째, 빚을 지거나 죄를 지어서 일정 기간 동안 노예가 된 사람들이 있었다. 두 번째 유형의 노예는 누군가 다른 사람이 그가 진 빚을 갚아 주면 자유롭게 될 수 있었다. 이제 주인이 그에게 요구한 몸값은 해결되고, 그는 몸값을 지불한 사람의 노예가 되거나 완전히 자유롭게 되었다.

우리가 어떻게 우리의 파괴적인 행동에 의해 노예가 되었고, 우리를 자유롭게 해방시키기 위하여 해방자 그리스도가 죄 많은 이 세상에 들어오셔서 폭력과 죽음을 당했는지 묘사하면서, 성 바오로는 그리스도교 신학에 이 은유를 도입했다. 가장 좋은 것은 구세주 그리스도라는 개념이 우리가 더 이상 파괴적으로 살 필요가 없다는 것을 보여 준다는 것이다. 이제 그리스도의 사랑으로 우리는 더 이상 노예가 아니라 그리스도의 친구이다. 실로 그리스도의 구속 사업을 통해 우리는 하느님의 가족으로 환영받았다.

　프로테스탄트 개혁자들은 이런 구속 사상을 받아들여서 보다 성서적으로 이야기를 변형시켰다. 장 칼뱅John Calvin은 아담과 하와의 타락을 문자 그대로 믿고, 창세기에서 인류 최초의 부모가 하느님께 반역을 했기 때문에 우리 인간의 본성은 영원히 타락했다고 주장했다. 우리가 그것에 대해 할 수 있는 일은 아무것도 없다. 그래서 그것으로 하느님은 우리에게 화가 나셨다. 그러나 비록 우리가 구원을 받을 자격은 없었지만 마침내 하느님은 당신의 자비 안에서 우리를 구원하기로 결정하셨다. 그러나 인류는 스스로를 구원하기 위해 아무것도 할 수 없기 때문에, 아담과 하와와 은혜를 모르는 모든 인류의 후손에 대한 하느님의 진노를 만족시키기 위해 하느님의 말씀은 우리의 육체와 공간을 취하셨다. 육화된 하느님의 말씀은 우리가 물려받고 계속 진행 중이던 죄악에 대한 속죄로서, 고난과 죽음 안에서 고난과 죽음을 통해 당신의 삶을 희생으로 제공하

셨다. 이것은 종종 '속죄 신학'satisfaction theology이라고 불린다. 왜냐하면 예수의 폭력적인 죽음으로 하느님의 진노가 대속되었기 때문이다. 인간이 완전히 부패하거나 타락했다고 생각하지 않고, 하느님이 당신의 분노를 달래기 위해 오직 하나의 선택권만을 갖고 있었다고 생각하지는 않지만, 이 속죄 신학의 몇몇 요소는 가톨릭 신학에도 마찬가지로 계속되고 있다.

앞에서 서술한 두 단락의 내용을 저술한 책은 많이 있다. 하지만 우리의 목적을 위해서 여기서는 전체적으로 불충분한 요약을 해야 할 것 같다.

속죄 신학은 '주 하느님 크시도다'의 3절에서 보다 뚜렷한 형태로 완전한 고백적 표현으로 제시된다.

"주 하느님 외아들 예수님을 세상을 위해 보내 주시어 / 십자가에 내 죄를 대신하여 못 박히시어 돌아가셨네."[17]

이것이 왜 문제가 되는가? 어쩌면 우리가 이와 같은 성가를 부르면, 몇몇 사람은 그것이 사실이라고 생각할지도 모른다. 몇몇 사람은 그것을 기억해서 가족의 세례식, 결혼식, 장례식과 다른 통과 의례에서 그 성가를 노래하기를 원할지도 모른다. 그리고 실제로 그렇게 한다. 그러나 이 성가는 그것이 표현하고자 하는 진리의 아주 제한된 형태만 제공한다. 우리의 괴로움과 아픔 안에서 하느님을 발견하는 것과 관련해서 그것이 갖는 함의含意를 과소평가할 수는 없다. 예수님을 향한 하느님의 뜻은, 우리와 관계하는 하느님을 우리가 어떻게 생각하는지에 관한 모든 것에 영향을 미친다. 만일 우리 하느님이 고통을 원하고 보내셨다면, 심지어 당신의 유일한 사랑받는 아들에게 그렇게 섬뜩한 죽음을 준비하셨다면 우리가 질병과 아픔 또는 아이를 잃거나 사지 마비가 될 때 왜 불평을 하는가? 몇몇 사람이 주

---

17 가톨릭성가 번역문을 옮겨 썼다. 영어 원문은 "When I think that God his Son not sparing / Sent him to die, I scarce can take it in. / That on the Cross my burden gladly bearing, / He bled and died to take away my sin." 개신교 찬송가의 번역문은 "주 하나님 독생자 아낌없이 우리를 위해 보내 주셨네 / 십자가에 피 흘려 죽으신 주 내 모든 죄를 구속하셨네."

장하듯이 하느님이 원하신 예수님의 죽음과 비교해 볼 때 우리는 비교적 가벼운 벌로 그치고 있다.

  그리스도인에게 부활의 신비, 즉 예수님의 삶과 죽음과 부활은 하느님에 대한 우리 신앙을 구성하는 중심 패러다임이다. 그것은 우리 자신의 기원과 의미와 운명을 설명하는 중요한 이야기이다. 이 성가는 그 자체로 이 신비와 관련이 있다. 나는 하느님이 단순히 '죽기 위해' 예수님을 보냈고, 섬뜩하고 잔인한 죽음을 그대로 당하게 했다고 받아들이지 않는다. 하느님이 당신 아들을 아끼지 않아서, 그를 죽으라고 보냈다는 것을 나는 받아들일 수 없다. 만일 노골적으로 그것이 사실이라면 왜 하느님은 신약 성경에서 무고한 사람들을 학살하는 가장 부당한 신학적 이야기(마태 2,13-23)에서 예수님을 벗어나게 했을까? 만일 예수님이 두 살 때 헤로데에게 살해당했다면 하느님은 일찌감치 예수님의 피를 희생 제물로 취할 수 있었다.

  그 대신, 하느님이 당신의 분노를 달래기 위해 당신이 사랑하는 유일한 아들의 완벽한 피라는 제물(이것은 제우스의 영향)을 원했다면 왜 예수님은 나자렛을 떠나지 않고 갈릴래아 주변에서 많은 문제를 일으키고(예수님이 행하셨듯이), 그다음 곧장 예루살렘으로 가서 모든 사람을 성나게 한 뒤 십자가에 못 박혔을까? 단순히 '죽기 위해' 보내졌다면 예수님 사생활의 그 수많은 날들과 공생활의 목적은 무엇이었을까? 그것들은 하느님을 위해서가 아니라 우리를 위해서였다.

  단순한 진리는 이 사랑받는 성가의 3절이 틀렸다는 것이다. 예수님은 단순히 '죽기 위해' 오지 않았다. 오히려 예수님은 살기 위해 오셨다. 모든 인류를 위해 육화하신 예수님은 구원의 사랑과 용감하고 근본적인 방식으로 당신 삶을 살았다. 그리고 그 결과 당시의 정치적, 사회적, 그리고 종교적 권위를 정말로 위협했고, 그들은 예수님을 처형했다. 이것이 우리가 그 예언의 열정을 이해하는 보다 쉬운 방법이라고 생각한다. 예수님은 천리안을 지닌 사람이 아니었다. 예수님은 충실하고 진실한 인간이었다. 그래서 지식은 있었지만, 그 지식은 제한적이었다. 예수님의 완전하고 진실한 신성은 당신의 인간성을 제거할 수 없었거나, 아니면 인간인 것처럼 연

극을 했을 것이다. 당신의 인간성이라는 한계 안에서 타협하지 않고, 사랑과 공정과 희생적인 방식으로 살았던 예수님의 삶 안에서 예수님의 삶을 통해 우리는 예수님의 신성을 볼 수 있다.

역사상 도덕적인 용기를 지녔던 사람들 중 많은 사람이 그들의 말이나 살아가는 방식 때문에 개인적인 생활과 자유가 위협받는다는 것을 알고 있었다. 그들이 처형당하거나 살해당하거나 암살당할 것이라는 것을 그들은 미리 알지 못했을지도 모른다. 그러나 그들이 다른 사람의 마음을 끌어당겨 구현했던 자유의 중대한 결과를 예측할 수 있을 만큼, 그 시대의 징후를 충분히 잘 읽을 수는 있었다. 때때로 그들은 그들이 취한 입장에 대한 대가를 이야기하거나 기록해 두었다. 그런 점에서 그들은 예수 그리스도를 반영한다. 우리 순교자들은 자살 폭탄 테러범의 그리스도교 버전이 아니다. 그들은 적극적인 의미에서 죽음을 자초한 것이 아니다. 그것은 생명이라는 하느님의 선물에 대한 궁극적인 배신일 것이다. 그러나 신앙을 증언하고 그것으로부터 흘러나와야만 하는 정의에 대한 요구의 결과로 자신이 죽을지도 모른다는 것을 그들은 알고 있었다. 그들의 삶과 죽음에서 그들은 예수님의 방식을 따른다. 예수님은 당신 자신을 위해서 죽음을 찾지는 않았지만, 성실하고 희망적으로 그리고 사랑스러운 것과는 다른 어떤 방법으로도 더 이상 살 수는 없었다. 우리와 마찬가지로, 예수님의 시대에도 이런 덕목들에 반대되는 가치에 기반을 둔 권력자들에게 그것은 엄청난 위협이 되었다. 십자가에 못 박히신 예수님이 궁극적으로 주변인sidelined으로 생각되었던 것처럼, 그리스도교의 미덕과 가치를 살고 있는 많은 사람들을 지금도 이 세상은 침묵과 방관sideline으로 대하고 있다. 그러나 하느님은 예수님의 죽음에 대해 마지막 말씀을 하셨다. 그것은 생명이다.

대부분의 그리스도교 역사에서 많은 신자를 곤란하게 하는 질문은 "예수님은 왜 죽었는가?"인 것 같다. 그러나 나는 그것이 잘못된 질문이라고 생각한다. 정확한 질문은 "예수님은 왜 죽임을 당했는가?"이다. 그리고 그것은 예수님의 고통과 죽음의 마지막 날을 완전히 새로운 관점에서 바라보게 한다.

이것은 우리가 십자가 앞에 서서, 요한 복음의 "나는 너희가 생명을 얻고 또 얻어 넘치게 하려고 왔다."라는 예수님의 말씀에 어떻게 귀를 기울이는가에 있다. 이 생명은 하느님의 좋은 책good books 안에서 우리를 되찾아 구원하기 위해 완벽하게 희생되신 완전하신 성부의 완전하신 성자에 대한 것이 아니다. 그것은 성령의 권능으로 그리스도 안에서 이 세상에 넘쳐흐르는 삼위일체의 내적인 생명이다.

우리 하느님은 죽음을 다루지 않고, 생명을 다루신다. 영감을 받은 랍비 선생님(사도 요한)이 커다란 캔버스에 큰 그림을 그린 것 같은 특징을 모두 보여 주는, 시간의 끝에 대한 웅장한 종말론적 이야기(묵시록)에서조차 모든 신약 성경은 이것을 보여 준다. 예수님은 문자 그대로 이 심상을 우리가 사용하도록 의도하지 않았다. 나는 심판이라는 경험이 실제로 양과 염소 같은 가축을 나누어 분류하는 것이 아니라고 생각한다. 그러나 그 이미지 뒤에 있는 교훈은 우리가 배울 수 있는 진정한 것이다. 하느님의 자비와 사랑은 궁극적으로 정의가 행해진다는 것을 보게 한다. 하느님은 가난한 사람들의 울부짖음을 들으신다. 우리는 현세의 삶에서 우리가 한 일과 실패한 일에 대해 내세에서 설명하도록 부름 받게 될 것이다.

이런 맥락에서 우리는 하나의 또 다른 복음 본문을 검토할 필요가 있다. 몇몇 사람은 예수님이 고난을 당하고 돌아가신 것을 하느님이 원했고 심지어 필요로 했다는 증거로, 동산에서 예수님이 말씀하신 것을 인용한다. "아버지, 이 잔이 비켜 갈 수 없는 것이라서 제가 마셔야 한다면, 아버지의 뜻이 이루어지게 하십시오."(마태 26,42) 또는 "그 칼을 칼집에 꽂아라. 아버지께서 나에게 주신 이 잔을 내가 마셔야 하지 않겠느냐?"(요한 18,11) 그것은 모두 아버지의 뜻이나 잔이 예수님을 위한 것이라고 우리가 생각하는 것에 달려 있다. 만일 성가가 노래하듯이 '죽기 위하여'인 경우에 그것은 완전히 분명하고 최종적이다. 그러나 앞서 주장했듯이, 하느님의 뜻은 우리가 성실하고 희망적이고 사랑스러워지는 것이다. 예수님의 기도는 당신 스스로를 희생시키더라도, 생명의 증인이 되고 진리를 말하고 진리가 되

기 위한 그 길에 머물도록 성자를 강화시키고 용기를 주는 성부에 대한 것이다. 이렇게 투명하고 선한 삶은 결코 쉽지 않다. 그 삶은 항상 고통의 잔을 수반한다. 겟세마니 동산에서 우리는 예수님이 당신의 임박한 운명을 알아차리고, 마침내 죽음과 파멸과 죄에 정면으로 맞서는 힘을 주장하기 위해 고군분투했음을 알아차린다. 예수님의 운명이 무엇이든 예수님의 고뇌는 전적으로 인간의 반응이다. 우리 자신의 불안에 직면할 때 우리는 우리 모두를 위로한다.

동산에서의 불안이라는 모진 시련을 겪는 성자 예수님의 동반자로서 성부 하느님의 역할은 공정하고 훌륭한 군 지휘관의 관점에서 볼 수 있다. 아프가니스탄 전쟁에서 병력을 이끌었던 내 친구는 이렇게 말했다. "나는 내 병사를 너무 사랑해서 그들을 죽음에 맡기지 않을 것이다. 나는 단지 사람들을 폭정으로부터 해방시키고 그들에게 전보다 더 나은 삶을 제공하기 위해 그들과 함께 전투에 참여했다. 전투가 시작되기 전의 시간은 아주 불안한 시간이다. 그 시간 자기-의심으로 가득 찬 유능한 사람들은 그들이 어디에 있어도 상관없지만, 그곳만은 아니기를 소망한다. 그러나 더 높은 요청calling은 임무mission에 초점을 맞추어 거기 남게 하고, 우리가 봉사하도록 파견된 세상의 가장 가난한 사람들에게 헌신하는 것이다. 원인의 정당성을 믿는 것은 최악의 불안을 극복해서, 죽음에 직면해서 최후에 악이 승리의 말을 하지 않게 할 수 있음을 의미한다. 지금까지 내 인생 최악의 순간은 병력을 잃고 기지로 돌아왔던 때이다. 나는 한동안 슬픔을 가눌 수 없었다. 내가 그랬던 것처럼 그들은 임무에 헌신했다. 그들의 죽음이 헛된 것이 아니라 세상을 보다 나은 곳으로 만드는 데 도움이 되었다는 것을 믿는 것만이 유일한 위안이 되었다." 이런 맥락에서 예수님이 마신 고난의 잔은 외부에서 하느님이 강요한 것이 아니다. 그것은 우리를 폭압으로부터 해방시키고, 현세와 내세에서의 삶의 충만함을 우리에게 준다. 그것은 악이 최후의 말을 하지 못했고, 하지 못했음을 확인한 결과이다.

우리가 그리스도의 십자가로 무슨 일을 했는지 생각해 보자. 많은 사람이 이제 금이나 백금, 순은

으로 된 작은 십자가와 십자고상을 몸에 지니고 있다. 또 십자가는 우리 목이나 우리 귓불에 매달려 있다. 만일 로마인들이 십자가보다 전기의자에 더 접근할 수 있었다면 금, 은 또는 백금으로 된 작은 전기의자가 목 주위와 귓불에 매달려 있을지 나는 궁금하다. 또한 십자가 표시의 성호로 기도를 시작하기보다 전기의자에 앉아 있는 사람의 손을 꽉 움켜잡고 "치리리릭~"으로 기도를 시작할지도 모른다. 이 도발적이고 현대적인 이미지는 걸림돌 또는 십자가의 '어리석음'(1코린 1,18-26)이라고 바오로가 불렀던 것을 뼈저리게 느끼게 한다. 마돈나Madonna와 에미넴Eminem이 수많은 십자가를 매달고 있다 하더라도, 그리스도의 십자가는 패션 액세서리가 아니다. 그것을 바라보면서, 우리는 계속 숨을 쉬어야 한다. 왜냐하면 예수님이 정의와 사랑으로 통치되는 하느님 나라를 이 세상에 세우기까지 어느 정도 준비가 되었는지를, 십자가가 보여 주기 때문이다. 뿐만 아니라, 십자가는 우리 모두에게 당신의 길을 따라 당신의 진리를 말하고 당신의 삶을 살라는 희생을 명확하게 설명하기 때문이다. 이것은 1세기와 마찬가지로 지금도 근본적이고 위협적이어야만 한다. 십자가를 몸에 지닌 우리를 위해 그리고 십자가를 지닌 모든 사람을 위해 우리는 그리스도의 질문에 대답을 원한다. "나를 따라오려면 사랑으로 얼마나 멀리 갈 것인가?" 예수님이 성부에게 했던 같은 대답을 우리는 해야 한다. "저는 끝까지 갈 것입니다. 희생과 상관없이 저는 그 끝을 볼 것입니다."

때때로 우리가 "도대체 하느님은 어디 계세요?"라고 물을 때 몇몇 그리스도인은 그 질문의 답을 회피하고 단순히 "기도하세요."라고 말한다. 이 말이 의미하는 것은 "글쎄, 하느님께서는 예수님이 고통스러운 죽음을 당하도록 요구하셨지요. 그러니까 하느님께서 예수님에게 주었던 고통을 당신의 아픔과 괴로움의 잔 안에서 당신도 보아야만 해요."라는 것이다. 우리가 연옥 영혼의 구원을 위해 또는 하느님을 거스른다고 생각하는 사람들을 위해 우리의 고통을 제물로 바쳐야 한다는 이런 생각의 흐름이 만들어진 것은 그리 오래된 일이 아니다. 내 관심은 고통을 받고 죽기는 마찬가지라 예수님이 고난을 당하시고 돌아가셨다는 것이 아니다. 내 관심

은 몸값을 지불하는 상업적 거래라는 관점에서 우리의 구원을 이해함으로써 떠오르는 하느님 이미지 또는 우선적으로 우리의 괴로움, 질병, 아픔을 '제물로 바치는' 우리에게 만족을 얻으시는 분노의 하느님 이미지에 있다.

고통을 이해하는 또 다른 전통적인 방법은 '제물을 바칠 때' 우리의 고통을 예수님의 고난과 자유롭게 결합시킴으로써 그 고통에 우리가 어떤 의미를 부여한다는 것이다. 만일 예수님이 왜 고난을 받으셨는지에 대한 내 생각이 사실이라면, 우리는 중요한 차이점을 통해 그 접근법을 교정할 수 있다. 가난한 하느님에 대한 암묵적인 믿음 즉 예수님의 희생이 단 한 번이었다는 점을 감안한 견해보다는, 내 안의 모든 본능을 자르고 도망치고 싶을 때 예수님의 길과 진리와 삶에 충실함으로써 나는 내 고통의 의미를 발견한다. 여기 나의 겟세마니에서 죽음과 파멸과 죄와 정면으로 나를 대결하게 하는 하느님을 발견하고, 이제 하느님의 생명이 마지막 말씀이 된 예수님의 체험을 통해 확신한다.

나는 '주 하느님 크시도다'의 창조적이고 감동적

인 편곡을 좋아한다. 숲과 숲 사이의 빈터를 어떻게 돌아다니며 '당신 손으로 만드신 세상의 모든 것'을 찬송할 수 있는지 매우 기뻐하며 나는 노래한다. 또 마지막 절 '주 하느님 세상에 다시 올 때 내 기쁨 말로 다 못하겠네. 겸손되이 주님께 경배할 때 그 크신 공덕 내가 알겠네'를 누구보다 더 큰 소리로 노래한다. 문제는 단지 3절뿐이다. 대중적인 신학을 진지하게 받아들이기 때문에 나는 그 노래를 부를 수 없고 부르지 않는다. 나는 그 반대가 되기를 바란다. 그 노래 뒤에 숨어 있는 피에 굶주린 하느님이 진실이 아니기를 바란다. 그것이 사실이 아니기 때문에 나는 그 노래를 부를 수 없고 부르지 않는다. 사실 하느님을 위대하게 만드는 것은 하느님이 죽음과는 아무 상관도 없다는 것이다.

06

"우리가 세상을
이렇게 만들었다."

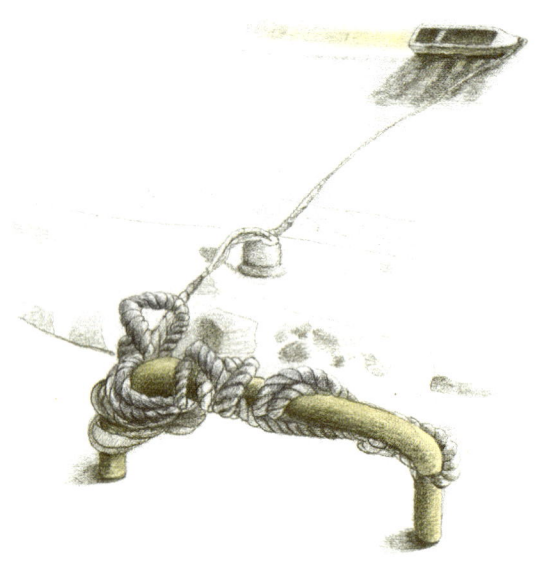

하느님은 완전하지 못한 세상을 창조하셨다.

그렇지 않다면 세상은 천국이 되었을 텐데.

그래서 이 세상에는 괴로움과

질병과 아픔이 있다. 이들 중 어떤 것은

우리 스스로 만들어 놓고 하느님 탓을 한다.

6장의 제목은 거장 로버트 볼트[18]가 쓴 영화 '미션'의 시나리오에서 유래했다. 이 영화의 마지막은 교황 대사인 알타미라노Altamirano 추기경의 대사이다. 침공을 허락받은 포르투갈과 스페인은 예수회 선교 지구mission를 강압적으로 침략해서 다수의 과라니Guarani 족을 노예로 만들었다. 이제 그는 자신이 자유롭게 선택한 결정으로 유입된 파괴의 정도를 본다. 혼타르Hontar가 추기경을 위로한다. "전하, 우리는 이 세상에서 일을 해야만 합니다. 세상은 그렇습니다." 이에 대해 알타미라노가 대답한다. "아

---

18 로버트 볼트Robert Bolt는 '사계의 사나이'A Man for All Seasons, '아라비아의 로렌스'Lawrence of Arabia, '닥터 지바고'Doctor Zhivago, '라이언의 딸'Ryan's Daughter을 비롯해 직접 감독한 '바운티호의 반란'The Bounty, '미션'The Mission의 시나리오 작가이다.

니오, 혼타르. 우리가 세상을 이렇게 만들었어요. …내가 이렇게 세상을 만들었어요."

철학자와 신학자들이 서로 다른 종류의 악, 즉 도덕적·물리적·형이상학적인 악을 균형 있게 구별했다는 것은 일찍부터 주목되었다. 이러한 구별은 학계에서는 중요하지만, 거리의 보통 사람들에게는 덜 중요하다. 악은 존재한다. 하느님은 최소한의 악을 허용하신다. 이 범주들 사이에는 항상 겹치는 부분이 있었지만, 지금만큼은 아니었다. 과학과 언론의 도움으로 우리는 우리의 삶이 타인뿐만 아니라 창조 세계에 미치는 영향의 정도를 볼 수 있다. 몇몇 사람, 종종 무신론자들은 다음과 같이 말한다. "너희는 모두 사랑의 하느님을 믿는다. 그러나 아직도 기근과 전쟁이 있다. 이런 것들이 중단되면 나는 너희 하느님을 믿을 것이다." 현 상태로 보면 하느님이 이 세상에 대해 어떤 책임을 져야만 한다는 사실로 곧 돌아가겠지만, 지금 나는 도덕적인 악과 물리적인 악 사이의 중첩을 다루고 싶다. 우리가 직면한 가장 큰 실례는 기아機餓이다.

세상에 또 다른 기근이 있을 때마다 몇몇 사람은

"어떻게 하느님이 이렇게 하실 수 있어요?"라고 말한다. 때때로 우리도 이렇게 생각할 수 있다. 기아에 관한 통계는 놀랍다. 행성 지구에 살고 있는 약 67억[19] 명의 사람을 먹여 살리기 위해 충분한 양의 식량을 우리 세계는 갖고 있다. 따라서 식량 생산은 문제가 아니다. 이 문제는 식량의 분배, 생산 수단과 전 세계 대부분의 사람들이 살고 있는 지역의 사회적이고 정치적인 분위기와 더 관련이 있다. 세계은행이 '개발 도상국'으로 고려하는 지역에 55억의 인구, 즉 인간 가족의 82%가 살고 있다고 유엔은 말했다. 세계은행은 적어도 인류의 80%가 하루에 10달러나 그 이하로 살고 있고, 세계에서 가장 부유한 20개 나라인 G-20이 전 세계 부富의 4분의 3을 보유하고 있다고 말했다.

우리 모두를 먹일 수 있는 이 세계에서 절대적으로 믿을 만한 수치를 구하는 것은 불가능하지만, 유

---

19 2017년 현재 세계 인구는 약 74억 명에 달한다.

니세프UNICEF는 매일 1만 6천 명의 어린이가 기아로 죽는다고 추정한다. 그것은 매일 매분마다 11명의 어린이가 죽는다는 것을 의미한다. 그리고 여기에 성인은 포함되지 않는다. 이런 맥락에서 우리는 도덕적인 악이 물리적인 악으로 어떻게 넘어가는지 볼 수 있다. 날씨에 대한 것만이 아니다. 대부분의 기근은 더 이상 가뭄이나 홍수로 인한 것이 아니다. 식량 농업 기구(Food and Agriculture Organization, FAO)는 일반적인 빈곤, 민주주의의 결핍, 내전內戰 및 세계 시장의 불공정한 접근이 기후 변화 만큼이나 기아에 대한 책임이 있다고 말한다. 그러므로 사람들이 "왜 하느님은 기근과 기아가 생기게 했을까?"라고 말할 때 나는 하느님이 눈물을 흘리시며 "왜 너희는 기근과 기아가 일어나도록 놓아두는가?"라고 머리를 흔들고 계시는 모습을 상상한다. 부유한 나라들 대부분의 선거選擧에서 경제에 대해서는 논쟁을 하지만 기근과 기아를 언급하는 사람은 거의 없다. 우리 중 누가 제3세계 개발에 대한 그 또는 그녀의 견해 때문에 선출되었거나 선출되지 못한 후보를 기억할 수 있는가? 선거에서 투표하지는 않지만, 부분적으로 그들의 삶과 죽음이 투표에 의해 결정되는 세계 인구의 80%를 위해 어떤 정당이 무엇을 할 것인가에 대한 중대한 언쟁이나 토론을 우리가 언제 들었는가? 일반적인 빈곤과 민주주의의 결핍과 내전과 모든 하느님의 자녀들을 위한 세계 시장의 불공정한 접근을 막기 위해 개입한 정책에 관해 언제 우리가 선출된 관료들에게 질문했는가?

이 시점에서 우리는 편리하게 다른 사람들 대신 하느님을 탓한다. 하지만 솔직하게 그 책임은 하느님이 아닌 우리에게 있다. 모든 사람들이 먹을 수 있는 세상에서 왜 사람들이 굶주리는가? 우리는 이런 식으로 그것을 선택한다. 실로 이 분야에서 일하는 몇몇 좌절한 경제학자들은 'G-20이 이런 방식을 필요로 하고, 이에 따라 세계 시장을 그렇게 구조화한다.'고 말한다. 세부 사항에 관계없이 여기서 악은 우리의 책임이다. 하느님은 그것을 설명하라고 우리를 부르실 것이다. 우리는 많은 형태의 미디어에 접근할 수 있기 때문에, 그 문제의 규모나 그 문제에 내적으로 우리가 연루되어 있다는 것을 몰랐다고 하느님께 말할 수 없다. 무지無知는 우리의

방어가 될 수 없다. 환경 파괴, 개인적 스트레스와 사회적 스트레스, 전쟁 종식을 위한 행동의 부족 등 다른 사례에서도 마찬가지이다. 이런 식으로 우리는 이 세상을 선택한다. 그리고 우리 결정으로 인한 부정적인 결론에 대해 하느님께 책임을 돌린다.

물론 그리스도교 전통에서는 하느님의 가난한 자매와 형제들에게 자선을 베풀어야 할 우리 의무를 정기적으로 상기시킨다. 나는 많은 그리스도교 가정과 기관, 심지어 종교인과 성직자들 사이에서조차 식사 전 감사 기도가 사라지고 있다는 것을 알고 있다. 이것은 유감스러운 일이다. 종종 신자들의 집에 저녁 식사 초대를 받는다. 요리를 한 사람이 식탁으로 어른들을 부르면 젊은이들은 이미 도착해서 우리가 식탁에 앉기 전에 이미 식사를 하고 있다. 이 광경을 보고 어머니나 아버지가 "얘들아, 잠깐만 기다려라, 하느님 아버지께 감사 기도를 드려야지."라고 말한다. 16세의 아이가 우리를 쳐다보면서 이렇게 말한다. "왜 감사 기도를 드려야 해요? 우리는 감사 기도를 하지 않았잖아요. 왜 우리가 신부님을 위해 쇼를 해야 해요?" 나는 내 존재가 다른 사람들에게 매일의 모든 식사에서 우리가 해야 할 일들, 즉 주어진 음식에 감사하면서 이 식사가 이 세상의 모든 곳을 모든 사람들을 위해 보다 적합한 장소로 만들 수 있게 제공하는 힘을 달라고 요청하는 일을 상기시켜 준다고 생각하지는 않는다. 식사는 우리가 세상을 그 자체로 창조하고 있다는 것을 매일 세 번 일깨워 준다.

우리가 지닌 두 번째 전통은 자선 단체, 특히 우리 삶에 동기를 부여하는 가치로서, 빈곤이라는 부담을 없애기 위해 활동하는 그리스도교 자선 단체에 돈을 기부하는 것이다. 카리타스Caritas와 같은 그리스도교 자선 단체는 관리 비용을 최소한으로 지출하고, 지역 주민들에게 돈을 어디서 어떻게 사용해야 하는지에 대해 가장 중요하고 투명한 결정을 할 수 있도록 권한을 부여한다. 그리스도인으로서의 육성과 자선은 우리 삶의 선택적인 추가 사항이 아니다. 이런 헌신은 우리가 받은 축복과 더불어 우리의 의무가 늘어나야 한다는 것을 깨닫게 한다.

그럼에도 하느님이 우리가 살고 있는 세상에 어떤 책임을 져야만 한다는 것은 사실이다. 하느님은

사악한 일이 일어나도록 허용하신다. 앞에서 언급했듯이, 나는 이것이 가능한 최선의 세계인지 아닌지에 대해 많은 추론을 할 수 없다. 이 세계는 우리의 세계이다. 나는 이 세계를 우리가 가질 수 있는 최상의 것으로 만들기 위해 우리의 자유 의지를 발휘하는 곳으로 받아들인다. 우리의 선택으로 우리 세계를 개선하거나 빈곤 상태로 남겨 둘 수 있다. 그러나 여기서 한 가지 짚고 넘어가길 원한다. 몇몇 사람은 세상을 이렇게 말하면서 세상이 완벽하기를 바란다고 결론을 내린다. 그리스도교 신학에서는 적어도 그것이 천국이라는 것을 의미하고, 그래서 우리는 천국이라고는 도저히 말할 수 없는 완벽하지 못한 이 세상의 가능성을 허용할 것을 받아들여야만 한다. 이 완벽하지 못한 장소에서 개인적이고 사회적인 체험을 통해 알 수 있듯이, 우리와 다른 사람들과 이 세상에 주어진 것들을 모두 혼합한 축복이 될 수 있는 자유 의지를 우리는 행사한다. 자유 의지는 아주 쉽게 주어진다. 자유 의지는 그 안에서 움직일 수 있는 완벽한 세상을 창조하는 인류를 위한 중요한 선물이다. 이것은 우리가 우리의 좋은 선택의 열매나 가난한 사람들의 파괴성도 결코 보지 못할 것임을 의미한다. 그리고 하느님의 능력으로 인도하거나 또는 보다 더 정확하게 하느님이 어떻게 세상에서 그 권능權能을 행사하실 수 있는지를 알려 준다.

전통적인 신학은 하느님은 한 분이며, 변하지 않고, 다른 존재에 기인하지 않으시고, 초월자이시며, 전지전능하시며, 모든 곳에 계시며(편재하시며), 거룩하시며 모든 것을 사랑하시는 분이라고 믿는다. 나는 이 모든 것을 받아들이지만, 소중한 삶을 위해 악惡에 관한 논의 안에서 마지막 두 가지에 집착하고 싶다.

만일 하느님이 잠을 잤거나 이 세상으로부터 휴가를 떠났다면, 몇몇 유대교 신학자들이 1939-1945년에 그렇게 했어야만 했다고 주장하는 것처럼, 우리는 정말로 곤경에 처해 있을 것이다. 이것은 세계가 잠시 동안 자유 낙하하는 것을 의미한다. 그리고 이것은 1998년 10월 23일 내 누이가 차바퀴에 집중하는 동안, 하느님이 이 세계의 바퀴 위에서 어떻게 선잠을 주무셨는지를 의미한다. 나는 그것

이 진실이라고 상상할 수 없다. 하느님은 게으르거나 태만한 것처럼 보인다. 삶과 죽음의 변화 속에서 항상 하느님이 우리의 동반자로 현존하신다는 사실을 나는 고수할 필요가 있다. 이것이 바로 그리스도교의 육화 incarnation 교리에 대한 것이다. 하느님은 우리에게 다가오기를 원하셨다. 그래서 우리가 악과 우리 자신으로부터 사랑을 받고 구원되기를 원하셔서, 하느님은 육신으로 우리와 하나가 되셨다. 그리스도교는 이런 특별한 진리를 주장하는 유일한 세계 종교이다.

이 토론에서 밑줄을 쳐야 할 필요가 있다고 내가 생각하는 하느님 본성의 두 번째 요소는 하느님의 거룩함과 사랑이다. 우리는 1장에서 이것을 탐구했다. 예수 그리스도의 하느님은 추악하거나 복수심에 불타거나 어두운 면을 갖고 있지 않다. 성 요한은 우리에게 "하느님은 사랑이시다."라고 말한다. 사랑은 하느님의 본성을 정의하고, 예수님 안에서 인간의 형상으로 표현되었다. 사랑은 우리 안의 변화와 선택과 사랑의 작용을 고취시키는 성령의 계속되는 활동에 작용한다.

따라서 이전에 우리가 보았던 것처럼 한 분이신 하느님은 변함이 없어야 한다. 그렇지 않으면 우리가 어디에 서 있는지 결코 알지 못할 것이다. 한 분이신 하느님은 다른 어떤 힘이나 존재에 의해서 창조되지 않은 초월적인 존재이다. 이것은 우리를 하느님의 권능과 전지全知로 인도한다. 나는 하느님 스스로 전능하시고 전지하다는 것을 받아들이는 데 아무런 문제가 없다. 사실 정확하게 그렇게 하기 위해 하느님이 필요하다. 이러한 관점에서 결함이 있는 하느님을 갖고 있다는 불만은 없다. 그렇지 않다면 나는 이 하느님을 다른 것으로, 나중에는 더 나은 모델로 교환하고 싶을 것이라고 생각한다. 이 문제는 무엇을 알고 무엇을 하는가 하는 하느님의 능력에 대한 것이 아니라 우리와 관련하여 세상에서 어떻게 하느님의 권능과 전지가 움직이는가에 관한 것이다. 이 점에 관해서 나는 하느님의 전지나 편재, 권능에 관한 전통적인 논증에서 벗어나 있는 나 자신을 발견한다.

하느님이 아시고 하실 수 있는 것을 이해하는 데 도움이 되는, 내가 발견한 두 가지 방법이 있다. 첫

번째는 하느님은 알 수 없는 것은 알지 못하시고, 할 수 없는 것은 할 수 없다는 것을 받아들이는 것이다. 만일 알고 있는 것 이상의 무엇이나 할 수 있는 일 이상의 무엇이 있다면 그것은 우리뿐만 아니라 하느님을 위해서도 진실한 것인가? 대중적인 토론에서 사람들은 이 주제에 대해 "그러나 하느님께서는 하느님이시다. 하느님께서는 모든 것을 아시고, 무엇이든 하실 수 있다."라고 빠르게 대답할 것이다. 만일 이것이 사실이라면 적어도 하느님은 알 수 없는 것도 알 수 있고, 그것을 아는 것이 가장 필요해 보이는 사람들에게조차도 그것을 나누어주지 않기로 선택하신다는 것이다. 적어도 하느님은 실행할 수 없는 것을 할 수 있고, 비록 하느님이 아무것도 하지 않는 것이 하느님의 현존과 사랑을 믿는 바로 그 사람들에게 그렇게 파괴적인 결과를 가져옴에도 불구하고, 하느님은 아무것도 하지 않는 것을 선택하신다는 것이다. 대신, 하느님은 그것을 그렇게 선택하셨기 때문에 하느님이 모르고 행할 수 없는 것들이 있다. 이것이 하느님의 본성과 같은 전통적인 그리스도교 교리에서 벗어나게 한다는 것을 나는 인정한다. 그러나 전통적인 신학에서의 표현은 우리가 하느님의 권능과 전지全知를 알기 위하여 하느님의 보살핌과 사랑, 심지어 하느님의 현존까지도 맞바꾸려는 것처럼 보인다. 그래서 내 생각이 어떻게 작용할 수 있는지 한 사람의 예를 들어 보여 주고자 한다.

하느님을 인간의 이미지와 유사하게 만드는 의인화의 위험을 무릅쓰고, 내가 들어 보여 주려는 예는 10대 자녀를 둔 부모님 같은 하느님이다. 17세 자녀들이 있는 어머니 또는 아버지는 사랑하는 자녀의 삶에서 일어나는 모든 일을 알게 된다. 그리고 어려움의 첫 전조前兆에 끊임없이 개입함으로써, 이 세상의 잠재적인 고통과 슬픔에서 자신의 자녀를 보호하기를 원할지도 모른다. 이런 부모가 보여 줄 수 있는 것처럼, 선하기는 하지만 자녀를 억눌러 숨 막히게 하는 지배적인 부모에 의해 사랑스러운 그들의 자녀는 사춘기를 지나면서 성숙하지 못하고, 제대로 준비되지 못한 채로 미숙한 성인이 될 것이다. 이런 부모는 자녀의 성장을 저해할 것이다. 적어도 서구 사회에서 10대 자녀와의 사랑 깊은 관계는, 부모가 자녀에게 모든 것을 다 알지 못하게 하면서 어려움의 첫 전조에서 중재하는 것을 그만두고, 자녀 스스로 모든 것을 결정하게 하는 것이 현실이다. 그것이 부모에게 좌절감을 주고 심지어 가슴 찢어지게 할 수도 있다. 그러나 부모가 자신의 지식과 힘을 제한하려는 이런 결정은 악의에서 나온 것이 아니고, 그들이 자녀에게 신경을 쓰지 않기 때문인 것도 아니다. 정확히 그 반대이다. 그들은 젊은이들이 자신의 세계를 탐험하면서, 지지를 받고 있고, 부모가 동반하고 있음을 알 필요가 있다는 것을 받아들일 만큼 충분히 배려하기 때문이다.

만일 이것이 세상에서 가장 사랑하는 부모에게 유효하다면, 하느님과 우리의 관계에서는 왜 진실이 될 수 없을까? 이 철학에서는 오랫동안 하느님이 우리를 성인成人처럼 대우해 주고, 우리는 하느님의 꼭두각시marionettes나 장난감이 아니라고 받아들여졌다. 그러므로 우리를 돕고 우리의 모든 잠재력을 성취할 수 있도록 우리를 지원할 때 하느님은 모든 것을 알 수 있지만 선택하지 않고, 계속 개입할 수는 있지만 선택하지 않을 수도 있다. 지식과 힘에 대해 이렇게 스스로 강요하는 한계는 악의로부터 나오는 것이 아니라, 우리를 향한 하느님의 사랑과 우리가 성장하는 것을 보고 싶은 하느님의 열망에서 비롯된다.

형이상학적인 세계에서 이것이 사실이라면 그것은 또한 자연적 세계와 하느님과의 관계에도 적용할 수 있을까?

얼마 전 로마의 교황청 과학아카데미Pontifical Academy of Science는 바티칸에서 열린 연례 회의에 영국의 이론 물리학자 스티븐 호킹Stephen Hawking을 초청했다. 호킹 교수의 연구 분야는 우주론과 양자 중력이기 때문에, 그는 우주의 질서를 가장 많이 생각해 본 사람이다. 스스로 인정했듯이, 그는 전통적인 그리스도교 신자가 아니다. 로이터Reuters 통신과의 인터뷰에서 호킹 박사는 이렇게 말했다. "나는 정상적인 의미에서 종교적이지 않다. …나는 우주가 과학의 법칙에 지배를 받는다고 믿는다. 이 법칙이 하느님의 뜻일 수도 있지만, 하느님은 이 법칙을 어기기 위해 개입하지 않으신다." 그가 바티칸을 방문할 즈음, 이 인터뷰 내용이 출판되었다. 한 블로

거가 호킹 박사의 견해에 대하여 폭넓게 자신의 의견을 피력했다. "하느님께서 그 법칙들을 만드실 수 있는 힘이 있다면 분명히 하느님께서는 똑같이 그 법칙들을 깨뜨리실 힘도 갖고 있다. 즉, 하느님께서는 자연 법칙을 초월하신다." 글쎄, 어떤 의미에서 당신은 하느님이 그렇게 하실 수도 있다고 상상할 수 있다. 그러나 왜 하느님이 그 법칙들을 계속 깨뜨리기 위해 물리적인 법칙을 만드셨을까? 그것은 하느님께서 계속 나아가고 계신다는 것을 의미할 수도 있지만, 이것은 하느님께 대한 우리의 확신을 심어 줄 수 없다. 우리는 정교한 실험이 된다. 전통적인 신학은 하느님이 당신 본성에 반하지 않는 어떤 일이든 하실 수 있고, 모순된 행동을 하시지 않는다(하느님이 들어 올릴 수 없는 바위를 만드시는 것처럼)고 주장한다. 이것은 하느님이 하실 수 있는 일이다. 만일 하느님이 '무엇'을 만드시고 깨뜨릴 수 있다면 어떤 면에서는 더 많은 것을 하실 수 있기를 바란다. 무고한 사람들이 모든 종류의 물리적인 악으로 고통당하는 것을 막아 주시길 소망한다. 여기서 이 블로거는 하느님의 권능을 단호히 지킬 수는 있었지만, 하느님의 불변성과 사랑을 희생하면서 그렇게 했다.

하느님이 무엇을 하실 수 있는지와 상관없이, 호킹의 입장은 우리가 지금까지 파악할 수 있었던 우주의 예측 가능한 물리적 구조 앞에서 타당한 것이다. 그러나 블로거를 행복하게 하기 위해서 하느님께서 '무엇'을 깨뜨릴 수는 있지만, 그렇게 하지 않으실 것이라고도 말할 수 있다. 물론 이런 신성한 제한은 전통적인 신학에서 벗어날 수 있는 또 다른 출발점이다. 그러나 이것이 하느님 안에서 약함의 표시가 될 필요는 없다. 이것은 근사한 힘의 계시이다. 하느님은 과시하실 필요가 없다. 하느님은 우리의 승인을 필요로 하지 않으신다. 우리를 위해 성숙한 사랑으로 이 유한한 여행에서 우리와 동반하시며, 알지 못하게 그리고 개입하지 않기를 선택하는 것은 하느님의 권능이며, 아마도 우리와의 연대로 보인다. 그렇다면 기적이란 무엇인가?

특히 육체적·정서적·영적 치유의 영역에서 그런 기적이 일어난다는 것은 논쟁의 여지가 없는 것처럼 보인다. 그리스도교 교리에 따르면, 신자는 기

적이 일어난다는 것과 기적의 작가가 하느님이시라는 것을 확인할 필요가 있다. 또한 내가 알고 있는 많은 동료 그리스도인 여행자들과 마찬가지로, 나는 기적에 대한 건전한 관심과 믿음을 공유한다. 그러나 기적이 외부로부터 온다고 믿지 않는다. 나는 하느님이 내면에서 기적을 행하신다고 믿는다. 나는 기적적인 힘으로 사람들을 '재촉'zapping하는 하느님이라는 개념이 없다. 그런 생각은 놀라운 묘기의 다음 순서를 보기 위해 매혹된 관객들의 감탄을 얻으려는 마술사로 하느님을 축소시킨다. 이 모델의 많은 문제점 중 하나는, 내 누이와 같이 내가 아는 가장 자격 있는 사람이 천국의 무대에 부르심을 결코 받지 못하는 것처럼 보인다는 것이다. 나는 이 '마법 모델'magic model을 거부한다. 왜냐하면 예수의 행동에서 그것을 찾을 수 없기 때문이다. 요한복음에서 '표징을 믿는 것'Sign Faith은 모든 것 중에서 가장 약한 신앙으로 여겨졌다. 기적이 단순히 하느님의 능력에 관한 문제였다면 예수님은 왜 언제 어디서나 어떻게 기적을 행하지 않으셨을까? 복음 저자들은 종종 그것을 이미 기적이 일어날 수 있는 다른 전제 조건들을 고려한 '믿음의 부족'lack of faith 으로 간주한다.

우리 시대의 신경 과학은 뇌의 일반적인 특성과 치유 잠재력을 이해하기 시작했다. 나는 뇌에서 치유 능력을 갖는 자산assets 중 일부, 즉 신경 전달 물질이 뇌에서 신체로 방출될 때 기적이 일어난다고 생각한다. 몇몇 사람은 병자성사를 통해 기름부음을 받고 사제가 손을 얹으면 이런 신경 전달 물질이 흘러넘친다. 다른 사람들의 경우에는 성지 순례, 개인 기도 또는 중재 기도, 어떤 성인에 대한 신심을 통해 그렇게 된다. 또한 기적을 경험한 내가 아는 다른 세속적인 사람들에게 기적은 생활 양식, 다이어트 및 명상 연습 안에서 온전한 변화로 나타났다. 이것은 왜 예수님이 어떤 기적을 행할 수 있었고, 다른 사람들은 기적을 행할 수 없었는지를 설명해 준다. 그리고 이것은 예수님이 벳사이다Bethsaida에서 태생 소경을 치유하기 위해 두 번이나 시도해야만 했던 이유를 설명해 준다. 비록 어떤 사람들은 단 한 번의 예수님과의 만남이나 접촉만으로는 충분하지 않았지만, 반면에 다른 사람들은 그들

의 주인이나 친구의 염원만으로도 변화가 일어나기에 충분했다. 그리스도인들이 인간 뇌의 진화를 하느님의 가장 위대한 작품 중 하나라고 기꺼이 인정한다면 하느님은 모든 면에서 위대한 기적의 작가이다. 그것은 하느님의 은총이 어디에 머물러 있는지에 대한 질문일 뿐이다. 그것은 외부로부터 바로 오는 것이 아니다. 「Leaping: Revelations and Epiphanies」(도약: 계시와 현현)의 '은총의 기록'Grace Notes에서 브라이언 도일Brian Doyle도 같은 느낌을 표현했다. "우리는 은총을 구급차, 정시 납품, 험난한 언덕을 오른 보이지 않는 천상 기사들! 창조자의 화려한 호른에서 나오는 재즈 같은 것으로 생각하지만, 어쩌면 은총은 우리 안에 살아 있고, 정신 질환에 의해 활성화될 수도 있다. 어쩌면 우리는 은총으로 가득 차 있다. 어쩌면 우리는 그 본질로 가득 차 있을지도 모른다."

기적은 일어난다. 그러나 영화 '브루스 올마이티' Bruce Almighty의 작가들이 하느님의 입술을 통해 다음 말을 하게 했을 때 나는 그들이 영감을 받았을 것이라고 생각한다. "네 수프를 나누는 것은 기적이 아니란다. 브루스, 그것은 마술의 속임수야. 두 개의 직업을 갖고 있고 아들을 축구 연습에 데려갈 시간을 찾는 싱글맘, 그것이 기적이란다. 마약에는 '아니오!', 교육에는 '예!'라고 말하는 10대, 그것이 기적이란다. 사람들은 내가 그들을 위해 모든 것을 해 주기를 원한다. 그들이 깨닫지 못하는 것은 그들이 그런 능력을 이미 갖고 있다는 것이다. 아들아, 네가 기적을 보고 싶으냐? 그럼 네가 기적이 되어라."

이와 관련하여 대부분의 경우와 마찬가지로, 모든 것은 우리가 표징signs을 어떻게 읽는가에 달려 있다. 출처가 의심스럽기는 하지만, 수 세기 전 교황이 모든 유대인이 로마를 떠나야만 한다고 결정한 이야기를 예로 들어 보자. 당연히 유대인 공동체에 큰 소동이 일어났다. 그래서 교황은 거래를 했다. 교황은 유대인 공동체 구성원과 종교적인 토론을 할 것이다. 만일 유대인이 이기면 그들은 머물 수 있다. 만일 교황이 승리하면 유대인들은 떠나야만 했다. 유대인들은 그들이 선택의 여지가 없다는 것을 깨달았다. 문제는 아무도 교황을 상대로 논쟁하고 싶어 하지 않는다는 것이었다. 유일한 지원자

는 매주 금요일 밤마다 회당synagogue 문을 여는 모이세Moishe라 불리는 가난하고 단순한 노인이었다. 토론에 익숙하지 않은 모이세는 논쟁에 한 가지만 덧붙여 달라고 요청했다. 즉 어느 쪽도 말하기를 허용하지 않는 것이다. 교황은 동의했다.

위대한 토론의 날이 왔다. 모이세와 교황은 서로 마주보고 앉았다. 교황은 그의 손을 들고, 세 손가락을 보여 주었다. 모이세는 그를 보고 손가락 하나를 치켜 올렸다. 교황은 손을 들어 그의 머리 주위로 동그랗게 원을 그렸다. 모이세는 그가 앉아 있던 땅을 가리켰다. 교황은 제병 하나와 포도주 한 잔을 꺼냈다. 모이세는 사과를 꺼냈다.

교황이 일어나서 말했다. "나는 포기합니다. 이 사람은 너무 선합니다. 유대인들은 머물 수 있습니다."

나중에 교황은 무슨 일이 일어났는지 설명했다. "나는 삼위일체를 상징하기 위해 세 손가락을 들어 올렸다. 그는 우리가 같은 하느님을 믿는다는 것을 상기시켜 주기 위해 손가락 하나를 들어 응답했다. 그다음 나는 하느님께서 우리 주위에 계신다는 것을 보여 주기 위해 손을 들어 내 머리 주위에 원을 그렸다. 그는 하느님께서 바로 여기에 계신다는 것을 보여 주려고 땅을 가리키며 반응했다. 나는 빵과 포도주를 꺼내 하느님께서 우리에게 성체성사 Eucharist를 주셨음을 보여 주었다. 그는 내게 원죄를 상기시키기 위해 사과를 꺼냈다. 그는 모든 것을 대답했다. 내가 무엇을 할 수 있었을까?"

한편 모이세는 유대인 학자들에게 어떻게 그가 이길 수 없는 논쟁에서 승리했는지 다음과 같이 설명했다. "글쎄, 처음에 교황은 유대인들이 로마에서 나갈 날이 사흘 남았다고 말했다. 나는 그에게 우리 중 한 명도 떠나지 않을 것이라고 말했다. 그다음 교황은 이 도시 전체에서 유대인들이 사라지게 할 것이라고 말했다. 나는 바로 여기에 우리가 머무를 것이라는 것을 그에게 알렸다." "그리고 그다음 그 논쟁을 결말지은 것은 무엇이었는가?"라고 랍비가 물었다. "나는 모르겠어요."라고 모이세가 말했다. "이것이 모든 것 중 가장 이상한 일이었어요. 그가 점심을 꺼냈고, 나는 내 것을 꺼냈어요!"

따라서 도전은 책임감 있게 행동하는 방식으로,

불완전한 우리 세상에서 시대의 징표를 읽는 것이다. 여기저기 돌아다닐 수 있는 충분한 시간이 있다. 하느님은 도덕적인 악과 물리적인 악의 영향으로 불의가 만들어질 수 있는 세계가 진화되도록 허용하신 것에 책임을 지신다. 그러나 우리 세상이 모든 사람에게 보다 공정하고 평등한 장소로 변화되어야 한다는 어려운 선택을 우리가 거부하기 때문에 하느님은 책임이 없다. 우리는 하느님 아래에서 한 가족처럼 행동하지 않고 있다. 이런 완고함에 직면하여 우리가 정치적인 의지와 사회적인 연대가 부족한 것에 죄책감을 드러내는 신성한 희생양을 발견하는 것은 놀라운 일이 아니다.

"우리가 세상을 이렇게 만들었다. …내가 세상을 이렇게 만들었다."

07

시간이 다 되면
너희의 시간은 끝난다.
너희는 더 이상 두 번째
시간을 얻을 수 없다

하느님은 우리를 죽이지 않으신다.

나는 내 이마에 이교도pagan라는 단어를 새겨야 할 것만 같다. 내가 매번 쇼핑센터 근처에 갈 때마다 그리스도교 근본주의 형제자매들이 내 상황과는 상관없이 말을 걸어온다. 거의 변함없이 내게 다가와 그들은 묻는다.

"형제님, 당신은 예수 그리스도를 당신의 개인적인 주님이시며 구세주로 삼으셨나요?"

"글쎄요, 사실 나는 그리스도를 믿습니다."

"당신은 방언을 합니까?"

"할 수는 있지만, 하지 않기로 했어요."

"주님의 삶을 따라 살기 위한 요구 사항을 알고 있나요?"

"친구여, 들어 보세요. 나는 청빈poverty과 정결chastity, 그리고 그리스도에 대한 순명obedience이 우리 삶을 올바른 방향으로 나아가게 하는 것들이라고 생각해요."

하지만 이렇게 말을 하면서, 내가 예수회 서원하던 날을 생각한다. 행사를 위한 장소였던, 예수회의 웅장한 자산인 시드니의 성 이냐시오 대학(St. Ignatius College, Sydney)을 바라보며 내 친구가 이렇게 말했다.

"음, 이것이 청빈이라면 나는 정결을 보고 싶다."

토론 중이던 쇼핑센터로 다시 돌아가 보자.

"제가 몇 가지 질문을 해도 될까요?"

"물론이죠."

"당신은 성경의 모든 세부 사항이 문자 그대로 진실이라고 믿나요?"

"그럼요." 그 중개인이 응답했다.

"그렇다면 어쩌면 당신이 도울 수 있을지도 모르겠네요. 이 세상이 7일 만에 또는 하나의 사건으로 만들어졌다는 창세기의 처음 두 장에 왜 두 가지 버전이 있나요? 천사가 마리아를 찾아왔나요? 아니면 요셉을 찾아왔나요? 예수님께서 예루살렘에 한 번 가셨나요? 아니면 여러 번 가셨나요? 산상 설교는 산 위에서 있었나요? 아니면 평지에서 있었나요? 참행복은 4개인가요? 아니면 8개인가요? 주님의 기도에 7가지의 청원이 있나요? 아니면 5가지가 있나요? 4복음서에는 예수님의 마지막 말씀이 세 가지의 버전으로 있는데 무엇이 마지막 말씀인가요? 부활절 아침에 예수님은 처음 베드로에게 나타나셨나요? 아니면 마리아 막달레나에게 나타나셨나요? 그리고 승천과 성령 강림Pentecost은 언제 일어났지요? 부활 주일날인가요 아니면 40일 후 일어났나요?"

이 단계에서 일반적으로 그들 중의 감독자가 우리에게 다가와 다음과 같이 제안한다. "당신은 성장해야 합니다. 하느님의 말씀에 질문을 하는 것이 아니라 우리는 단지 하느님의 말씀을 살아가는 겁니다." 그리고 아주 간결하게 말해서, 그것이 문제의 핵심이다.

가톨릭 신자로서 나는 하느님께 감사드린다. 적어도 1960년대 이후로, 공식적으로 가톨릭은 성경을 문자 그대로 믿지 않는다. 우리는 성경적 근본주의자가 아니다. 하지만 "우리 머리의 머리카락"과 "우리 날들의 길이"를 아시는 하느님에 관한 본문(예레 1,5; 갈라 1,15-16; 잠언 16,33; 마태 10,30)에 가까이 가게 되면, 우리는 완전히 근본주의자가 된다. 순수한 형태로, 성경의 이 구절들은 극적으로 하느님이 직접 우리를 보살피는 예를 보여 준다. 지금은 아니지만, 이 본문들은 하느님이 각 인생의 몇 년, 몇 달, 몇 주, 며칠, 몇 초를 다 알고 계시다고 하는 생각을 뒷받침하는 데 사용되었다.

요양원에 가면 나는 어김없이 질문을 받는다. "신부님, 왜 하느님께서 할머니를 데려가지 않으실까요?" 내가 그에게 해 주고 싶은 답은 "할머니가 아직 호흡을 멈추지 않기 때문"이다. 그리고 크리켓이나 야구를 은유로 사용하여 우리는 다음과 같이 말할 수 있다. "음, 할머니는 행운이 있어서 장수하실 수 있어." 이것은 고령일 때 충분히 효과가 있다. 같은 맥락이지만 나이를 불문하고 자녀를 잃어버린 부모와 있을 때, 특히 사산을 한 부모나 어린아이가 죽은 부모와 있을 때 감사의 마음은 완전히 무너진다. 어떤 부모도 그들의 자녀를 무덤에 묻을 수 없다.

내가 본 있는 그대로의 가장 큰 슬픔은 아이가 심각하게 아플 때 또는 그 아이의 죽음 후에 나타난 슬픔이었다. 그 부모들은 굉장히 격노해서 "도대체 하느님은 어디 있는 거야?"라고 질문을 던진다. 그들에게 "그것은 모두 신비에요." 또는 "나의 길은 너의 길이 아니다." 또는 "하느님께서는 천국에 또 다른 천사가 필요하심에 틀림없어요."라고 말하는 것은 그들의 기대에 부응하는 것이 아니다. "하느님께서 우리의 모든 눈물을 다 씻어 주실 그때에 우리는 천국에서 알게 될 것입니다."라고 말하는 것 이외에는 누구도 그들 자녀의 삶과 죽음을 보다 논리적 의미로 생각하도록 도와줄 수 있는 사람이 아무도 없었기 때문에, 고등 교육까지 받았지만 신앙생활을 떠난 부모를 나는 알고 있다. 우리가 이것이 진실임을 믿는 동안, 그리고 모든 고통에는 신비한 차원이 있으므로 죽음을 신비라고 말하는 것은 우리의 지성과 이성을 사용하여 더 나은 대답을 숙고하는 것에서 우리를 도망치게 한다. 그리고 이런 응답 중 일부는 우리의 의문에 답하지 못하지만, 그 순간 그리스도인이 전달해 주는 진부한 위로의 말보다 더 위안이 될 수도 있다.

기록을 위해 하느님은 하늘에 천사가 필요하지 않다. 신학에서 하느님은 충족sufficient하시다고 말한다. 하느님은 아무것도 필요로 하지 않으신다. 따라서 하느님은 우리에게서 천사 또는 다른 것을 위해 우리 자녀를 빼앗아 갈 필요가 없다. 그리스도교 신앙에서 흥미로운 점은 하느님이 우리를 원한다고 믿는 것이다. 그것이 인류가 창조된 이유이다. 아마도 가능한 한 하느님이 몇몇 인간 존재를 원하시기 때문에 우리 기준에 따르면 조금 빨리 조속하게 그들을 천국으로 다시 데려간다고 주장하는 것은 가능하다. 많은 성실한 그리스도인은 이것을 믿는다. 하지만 아이를 잃어버린 부모 앞에서는 매우 힘든 일이다. 폭군 같은 하느님이 돌아와서, 당신의 욕망으로 우리의 삶을 파멸시킬 수 있다. 요즘 장례식 추도사에서 흔히 볼 수 있는 순례라는 주제에 관해서는 아무런 문제가 없지만, 나는 죽음 안에서 죽음을 통해 '우리를 데려가시는', '우리를 부르시는' 하느님에 관해 이야기하는 것을 멀리하게 된다. 그것은 하느님의 사랑과 선하심을 손상시킬 수 있는 방식으로, 하느님 이해에 별 도움이 되지 않는다고 생각한다. 왜 두 살짜리 아이를 하늘로 '데려가기'를 바라는 하느님의 욕망이 이 아이를 사랑하는 부모의 품에 '남겨 두기'를 바라는 하느님의 욕망보다 더 큰 것일까? 그리고 만일 하느님이 우리가 사랑하는 자녀를 죽음으로 데려가려고 부르신다면 사악한 부모와 그 가족들에 의해 육체적으로 그리고 성적으로 학대를 당하는 어린아이들이나, 누구도 그들을 껴안고 사랑하거나 입양하려는 사람이 없는 고아원에 있는 고아들은 왜 포함시키지 않으시는가?

이와는 대조적으로, 자궁에서부터 요양원까지의 삶을 하느님께서 정하신 것이 아니라는 것을 믿는 것이 전적으로 적절하다고 생각한다. 그러나 자연적이거나 우연한 이유 때문에 더 이상 기능을 수행할 수 없을 때까지 우리 육체는 살아남을 수 있다. 하느님은 이 과정에서 능동적인 역할을 하지는 않지만, 다시 우리를 죽을 수밖에 없는 운명으로 만든 책임을 져야 한다. 전통적인 신학에서 다른 대안은 우리가 육체가 없는 영혼이나 천사로 창조되는 것이었다. 그러나 그것은 내가 아닐 것이다.

결과적으로 우리의 육체가 죽으면 우리의 영靈이나 혼魂은 집으로 향하는 마지막 여행을 시작한다. 여기서 우리의 어느 부분이 여행을 할 것인지, 죽음을 통해 우리를 살아남게 하는 것이 무엇인지를 잠시 멈춰 성찰할 만한 가치가 있다. 분명한 것은 만일 우리가 하느님께서 악한 세상의 어디에 속하는지 때때로 확신할 수 없다면 영혼의 본질 또한 숙고의 산물이기도 하다.

그러나 우리의 종교적 언어에서 영혼의 영적 개념과 그 사용이 줄어드는 것에 비해, 영혼이라는 단어가 일상적인 대화에서 지속되고 있는 것은 흥미로운 일이다. 많은 비종교인들이 다른 사람을 묘사할 때 가장 종교적인 이 용어, 영혼을 사용한다. 우리는 다른 사람을 외로운 영혼, 고통스러운 영혼, 길을 잃어버린 영혼이라고 하는 말을 종종 듣는다. 몇몇 사람은 '아름다운 영혼'을 가지고 있거나 음악이나 그림 또는 다른 예술 작품이 '내 영혼을 휘저었다'고 말한다. 우리는 감미로운 재즈를 '혼이 담긴 듯하다'고 묘사하고 여전히 SOS(save our souls, 우리 영혼을 구해 주세요)를 보내면서 다른 사람들에게 고통스런 상황을 알린다. 이런 단어의 사용은 영혼이 우리를 인간으로 만들고 다른 동물들과 차별화시킨다고 했던 성 토마스 아퀴나스 St. Thomas Aquinas의 가르침을 강화한다. 세계의 거의 모든 위대한 종교는 영혼이나 그에 상응하는 것을 믿는다. 즉 죽음이라는 육신의 소멸에서 살아남는 그 무엇을 믿는다.

나는 영혼을 특징지을 수 있는 것이 무엇이든, 기억memory이 영혼의 불가분不可分의 일부라는 의견을 갖고 있다. 우리의 기억이 우리를 살아남게 한다.

나는 알츠하이머병으로 고통을 받았던 사람들의 장례식에 몇 차례 참석했다. 이 가족들은 몇 달 또는 몇 년 전에 사랑했던 것을 '잃어버렸다'고 항상 말했기 때문에 그들이 매우 슬픈 경우는 거의 없다. 왜 그럴까? 그들이 사랑했던 사람이 점차적으로 아무도, 아무것도 기억할 수 없었기 때문이다. 우리는 인간의 존엄성이 항상 존중되어야만 한다고 믿기 때문에 자궁에서 무덤까지 육체를 돌보는 일에 열중한다. 임신과 출산의 상황에 대한 기억도 삶을 사는 방식에 어떻게 영향을 미칠 수 있는지에 관한 이론이 있다. 사람들이 기억을 잃어버렸거나 의식을 잃어버린 것처럼 보일 때조차도 매우 깊은 수준에서 어떤 것에 대한 인식이 있음은 명백하다. 예를 들어, 알츠하이머병으로 고통을 받고 자신이 누구인지 또는 자신이 어디에 있는지 기억할 수 없는 사람들이 여전히 그들의 모국어로, 심지어는 그들이 평생 동안 배운 다른 언어로 완벽한 문장을 만들 수 있다. 명시된 문장의 의미가 상당히 혼란스러울 때조차 언어는 기억 속에 남아 있는 뿌리 깊은 훈련이다.

  영혼의 구성 요소로서 기억은 내가 얼굴을 마주 보며 하느님을 만날 때 내가 누구인지 어떻게 살아 왔는지 기억하고, 하느님께서 나를 기억할 것임을 의미한다. 우리가 서로를 기억하기 때문에 우리가 사랑한 사람들과 우리보다 먼저 죽은 사람들과 다시 만날 수 있다고 생각하는 것은 또한 우리에게 위안이 된다.

  다음 세상이 어떤 것인지에 관해서, 만일 고통에 직면해서 그리고 영혼의 본성에 대한 믿음을 고수할 것이라고 추론할 만큼 내가 충분히 담대하다면 최후의 사건 3부작[20]에 관한 이 고찰을 완성할 수

---

20 최후의 사건 3부작 trilogy은 그리스도의 재림, 역사의 종말, 개인과 인류 전체의 최후의 심판이다.

있을 것이다.

전임 교황 베네딕토 16세는 천국과 지옥과 연옥이 우리가 시간을 보낼 수 있는 장소가 아니라 우리가 도착하거나 지나갈 수 있는 체험이 될 수 있다고 제안해 몇몇 사람을 놀라게 했다. 나는 베네딕토 16세가 옳다고 생각한다. 왜냐하면 시간과 공간이 내세가 아닌 이 불완전한 세계의 요소이기 때문만이 아니라 지옥과 연옥 같은 이런 체험들이 어떤 것인지에 대한 흥미로운 생각을 하게 하기 때문에, 이런 관점에서 가톨릭 전통이 얼마나 풍요로운지 보여 주기 때문이다.

내세가 무엇과 비슷할까 생각해 보면, 루카 15,1-24에 나오는 하느님의 자비에 대한 멋진 비유인 되찾은 아들 이야기로 표현할 수 있을 것 같다. 여기 행할 수 있는 가장 나쁜 죄악 두 가지를 저지른 유대인 청년이 있다. 그는 아버지에게 상속받은 재산을 탕진하고, 돼지가 먹는 것을 기꺼이 먹을 정도로 추락했다. 그래서 그는 집으로 가서 아버지와 화해하기로 결심한다. 나는 죽음이 우리 모두를 위한 것, 마지막 여행이라고 생각한다. 이 이미지는 우리 죽음에 주어지는 마지막 거룩한 성체성사, 문자 그대로 여행을 위한 음식을 의미하는 노자 성체(路資聖體, Viaticum)가 감동적으로 떠오른다.

한편 그 이야기에서 아버지는 매일 하루 종일 길에 나와 아들의 귀향을 알려 주는 어떤 신호를 기다린다. 나는 아버지가 아들에게 달려가서 몽둥이로 머리를 때리고 집으로 끌고 가지 않은 것에 주목할 가치가 있다고 생각한다. 아들은 집으로 가는 길을 걸어야만 했다. 이것은 우리가 죽음에 이르렀을 때와 비슷하다. 우리는 집으로 가는 마지막 여행을 시작한다. 그리고 놀라운 이 아버지는 그를 보자마자, 급히 그에게 달려가서 키스를 하고 파티를 열어 준다. 이 모든 것이 아들이 열심히 연습한 사과(謝過)가 채 끝내기도 전에 일어난다. 그것이 천국이어야만 한다. 최선을 다하는 우리 중 몇몇은 비록 실패하더라도 기본권이 있다. 사는 동안 겪은 고난 속에서 우리 마음을 아시고 우리와 동행했던 하느님은 우리에게 사과조차 원하지 않으신다. 우리는 집에 잘 돌아왔다고 환대를 받는다.

그러나 우리 중 몇몇에게는 하느님과의 만남이

개인적으로 고통스러울 수 있다. 왜냐하면 이 책 전체를 통해 내가 이야기한 것처럼 하느님은 우리의 자유 선택을 아주 진지하게 받아들이기 때문이다. 그래서 놀라운 아버지는 우리 중 몇몇을 보았을 때 우리를 만나러 달려오신다. 그러나 우리는 사랑 그 자체에 직면할 때 우리 자신과 다른 사람들, 우리 세계에 대하여 파괴적이었던 수많은 자유롭고 고의적이었던 시간을 알아차리게 된다. 그 시점에서, 우리는 열심히 연습한 사과를 시작해서 끝낼 수 있도록, 용서를 청할 수 있도록 어떤 경우에는 허락을 받아야 한다. 우리가 한 일을 자신 있게 말하는 것은 대단한 노력이 필요하다. 그리고 하느님도 우리를 용서하는 데 치러야 할 값이 있기 때문이다. 그러나 성부는 자비와 연민으로 충만하시기 때문에 우리는 사랑 안에서 정결하고 깨끗하게 될 것이다. 이런 접근 방식의 반향이 전임 교황 베네딕토 16세의 말씀에서 발견된다. "오늘날 우리는 아래처럼 생각하는 데 익숙하다. 죄란 무엇인가? 하느님께서는 위대하시고 우리를 이해하시므로 죄는 중요하지 않다. 결국 하느님께서는 모든 사람에게 선하게 할 것이다. …그것은 좋은 희망이다. 그러나 거기에는 정의가 있고, 거기에는 진짜 책임이 있다. 인간과 (원문 그대로) 지구를 파괴한 사람들은 그 희생자들과 함께 하느님의 식탁에 즉각적으로 앉을 수 없다."

  마지막으로, 우리 중 몇몇은 집으로의 여행을 할 수 있을 것이라고 생각한다. 성부는 우리를 만나기 위해 달려오실 것이다. 그러나 우리가 사랑 그 자체와 직면할 때 우리는 우리 삶에서 자유롭게 고의로 선택했던 것을 반성해야 한다. 우리는 하느님의 사랑을 거절하고 멀리 떠났던 궁극적인 죄, 행성 지구에서 어떻게 삶을 소비했는지 의심 없이 반성해야 한다. 우리는 사랑 그 자체이신 하느님의 얼굴을 항상 지니고 있기에 그 얼굴을 보고 그로부터 떠나는 것이 지옥, 심연이 되어야만 한다. 성부는 고통스럽게 우리의 선택을 존중하신다. 심지어 당신을 거부하는 선택까지 존중하신다. 교황이 말했듯이 "…그것은 명확하게 정의를 보장하시는 하느님의 최후 심판이다. …우리는 구체적으로 자신을 파괴할 가능성이 있는 죄와 또한 지구의 다른 부분도 파괴할 수 있는 가능성을 말해야만 한다." 그러나 교황처럼 나도 이 마지막 그룹에 속한 사람이 많다고 생각하지는 않는다. "아마도 거기에는 스스로를 영원히 돌이킬 수 없게 파괴한 사람들, 더 이상 하느님의 사랑이 머물 수 있는 그 어떤 요소도 없는 사람들, 더 이상 자기 자신을 조금도 사랑할 수 없는 사람들이 그렇게 많지는 않을 것이다. 바로 이것이 지옥일 것이다."

이것이 내가 하느님이 우리를 죽일 것이라고 믿지 않는 이유이다. 그러나 죽음이 고통스러운 것과 같이, 우리는 우리 형제나 자매를 다시 볼 수 있다는 것을 알고 있다. 그리스도인의 희망은 우리의 이별이 결정적인 '안녕'이 아니라, '나중에 보자.'라고 말하게 한다.

나가는 말

몇몇 사람은 여기에 설명된 신학이 하느님을 멀게remote 또는 초연하게aloof 제시한다고 생각할지도 모른다. 인격적인 하느님에 대한 강력하고 활기찬 신념을 갖기 위해 삶에서 하느님이 모든 것의 직접적인 원인이 되어야 한다고 생각하지 않는다. 실로 나는 하느님의 인격적인 사랑과 현존을 열정적으로 믿는다. 전반적으로 말한 것처럼 사물이 어떻게 발전하는지에 대한 복잡한 세부 사항에서 하느님을 제거한다고 우리의 삶과 고통과 죽음의 드라마로부터 하느님이 제거되지는 않는다고 생각한다.

하느님은 짧거나 긴 인생의 모든 순간에 우리와 동반하신다. 여기에 사용한 '동반'accompany이라는 단어는 강력한 것이다. 그것은 (음악 반주에서처럼) 적극적으로 누군가 참석해서 같이하고, 더해져서 풍요롭고, 지지하는 것을 의미할 수 있다. 각각의 의미는 삶 안에서 그리고 죽음을 통해 하느님이 우리와 어떻게 동반하는지에 관련하여 깊이를 더해 준다. 또한 나는 동반이라는 이 단어가 "함께"를 의미하는 라틴어 'com'과 "빵"을 의미하는 'panis'라는 단어로 형성된 '동반자'companion와 '친구' company―같은 빵을 나누어 먹는 사람과 함께―를 의미하는 중세 프랑스어의 변형이라는 사실을 좋아한다. 이것은 '우리는 함께 있다'와 그리스도인의 희망을 규정하는 것을 통합한다. 하느님은 우리와 함께 계신다. 물론 이것은 육화 이야기이다.

샐리 맥페이그는 「은유 신학: 종교 언어와 하느님 모델」[21]에서 하느님과 우리의 관계, 예수님과의 관계에 대한 새로운 은유를 설명했다. 그녀가 서술한 모든 모델이 강력하고 매력적인 것은 아니다. 그러나 그중 하나가 친구로서의 하느님God-as-friend이다. 성인成人으로서의 나와 하느님, 그리스도 그리

---

[21] 원제 ― Sallie McFague, Metaphorical Theology: Models of God in Religious Language, 정애성 옮김, 다산글방, 2001.

고 성령과의 관계를 위해 은유를 회복한 것은 내게 중요한 영향을 미쳤다.

이 이미지는 우리가 친구를 선택하고, 그들이 우리를 선택하기 때문에 매력적이다. 우리는 친구와 시간을 같이 보내고 싶어 한다. 우리는 다른 사람에게는 조금만 이야기하는 내밀한 것을 가장 친한 친구에게 말하는 것을 좋아한다. 때때로 세상의 정상에 있거나 위기에 처해 있을 때, 심지어 우리는 가족보다 먼저 가장 친한 친구에게 전화를 할지도 모른다. 그리고 친구들은 우리를 찾아와 삶을 나누고 싶어 하기 때문에 친구들이 우리를 좋아한다는 것을 우리는 알고 있다. 그들은 평생 우리와 동반하고, 우리를 돌보고, 풍요롭게 하고, 우리를 지지한다. 우리는 특히 식사에서 같은 빵을 나누어 먹는 동안 우정을 경험한다.

하느님을 친구라고 부르거나 예수님과 성령을 가장 좋은 친구라고 주장하는 것은 유치한 일이 아니다. 나는 그것이 특히 성인成人의 발상이라고 생각한다. 예수님은 삶의 모든 순간에 우리와 함께 계신다. 특히 하느님이 도대체 어디로 가셨는지 궁금

할 때도 함께 계신다. 진실로 우리를 사랑하는 모든 친구들처럼 하느님은 우리를 처벌하기 위해 고통을 주거나 우리에게 교훈을 가르치거나 우리를 성장시키기 위해 사고를 일으키지 않으신다. 이 신성한 불변의 친구는 영원불멸하시고 스스로 존재하시며, 초월적이시고 거룩하시며, 영원히 존재하실지라도 최선의 사랑이 항상 그런 것처럼 하느님의 사랑은 언제나 자제력을 갖고 있다. 즉 당신의 권능과 전지에 대해 스스로 부과하신self-imposed 자제력이 있다. 그러므로 하느님은 자연 재해나 기근을 보내지 않으신다. 하느님은 우리를 죽이지 않으신다. 사실 이 거룩한 친구는 죽음과는 아무런 상관이 없다. 예수님 안에서 보기 때문에 우리는 그것을 안다. 그에게는 어둠이 없고 오로지 빛만 있다. 보복이나 복수도 없고 적을 쳐부수는 일도 없다. 정의에 대한 요구는 있지만 보복은 없다. 예수님은 우리 세상에 들어오셔서 죽지 않고 사셨고, 우리의 길과 진리와 생명이 되셨다. 예수님이 살아오신 방식 때문에 살해당했던 것처럼 예수님의 죽음에 대한 하느님의 마지막 말씀은 생명, 즉 성자를 무덤에서 일으키신 생명이었다. 결과적으로, 친구 하느님의 뜻이나 계획은 우리가 받은 선물과 재능을 실현함으로써 믿음과 희망과 사랑으로 우리를 성장시키기 위한 것이다.

하지만 친구인 그리스도는 참견하지 않는다. 그리스도는 우리가 원하는 수준에서 우리 삶에 들어올 수 있는 초대를 끈기 있게 기다리신다. 예수님은 우리가 어디에 있든지 우리가 있는 곳에서 우리를 만나고 포옹하며, 어려울 때 우리를 가까이 지키며, 우리가 집으로 갈 길을 찾는 마지막 날에도 앞으로 나아갈 길을 우리가 찾도록 도와준다.

참고 문헌

Cowburn, John. *Shadows and the Dark: The problems of suffering and evil*. London: SCM, 1979.

Cowburn, John. *Free Will, Predestination and Determinism*. Milwaukee, WI: Marquette University Press, 2008.

Doyle, Brian. *Leaping: Revelations and Epiphanies*. Chicago: Loyola Press, 2003.

Hick, John. *Evil and the God of Love*. London: Macmillan/Palgrave Press, 2007.

Leonard, Richard. *Preaching to the Converted on Sundays and Feast days of the Year*. Mahwah, NJ: Paulist Press, 2006.

Leonard, Tracey. *The Full Catastrophe*. Mahwah, NJ: Paulist Press, 2010.

Martin, James. *The Jesuit Guide to (Almost) Everything: A Spirituality for Real Life*. New York: HarperOne, 2010.

McFague, Sallie. *Metaphorical Theology: Models of God in Religious Language*. Philadelphia: Fortress Press, 1982.

O'Sullivan, Patrick. *Prayer and Relationships: Staying Connected, An Ignatian Perspective*. Melbourne: David Lovell Publishing, 2008.

Wiesel, Elie. *Night*. New York: St. Martin's Press, 1995.